改訂版 人事担当者のための
メンタルヘルス 復職支援

(株)健康企業 代表・医師
亀田高志 [著]

これならできる！ 早期発見・休職・復職の対応と再発防止

労務行政

はじめに

進まないメンタルヘルス不調者への対応

　職場の健康管理対策では、依然としてメンタルヘルスに関わる課題が注目されており、政府によって推進されている働き方改革実行計画においても、政府目標を見直すとしています。そして変わらず現場で関心を集めているのが、うつ病等のメンタルヘルス不調者への対応です。

　2015年12月には改正労働安全衛生法の施行によって、このメンタルヘルス不調の未然防止を謳うストレスチェック制度が従業員50人以上の事業場に対して義務化されました。

　管轄省庁である厚生労働省も、メンタルヘルス不調の問題解決を目指して、企業等に対して啓発・指導を行い、対応を促しています。けれども現実には、不調者への対応・対策が十分に進んだと言える状況にはありません。

　少子高齢化による働く人の高齢化と若手世代の減少によって、大手企業だけでなく、人材不足に悩む中堅・中小零細企業においても、メンタルヘルス不調の問題が散見されるようになっています。

不調者対応の実務パッケージ ──「メンヘル・ナビ」

　そうした中、2012年10月に上梓した『人事担当者のためのメンタルヘルス復職支援』をこのたび改訂し、内容を刷新することにしました。

　旧版では、不調となって勤怠の乱れや業務への支障が生じた場合や、不調で休職していた従業員が復職を申し出たときのために、メンタルヘルス不調者の復職支援における職場目線でのソリューションを中心に解説しました。そして、実務を担う人事担当者をナビゲーションするという意味で、標準化を目指す具体的な対応方法を「メンヘル・ナビ」と名

づけました。

　この「メンヘル・ナビ」の方法論は、「企業や公共団体の人事担当者が主体となって、共通で公平なルールを策定し、不調者本人、管理職、産業医、そして人事担当者が、それに従い行動すること」であり、不調による問題の解決を医師等の専門家に丸投げするのではなく、職場側が主体的に対処すべきと強調しました。

　また、ルールを策定し、四つのステップを踏むことによって不調者への対応をシステム化すること、人事担当者が行政等の情報を自ら収集しなくても、スムーズに実践できる"レシピ"を提供することを心掛けました。不調を、医学的な問題としてではなく、労務管理上の課題として考え、人事担当者のルーチンに落とし込んでいくことができるようにデザインしたものです。

　お陰様で多くの読者を得て初版3刷まで至ったのですが、旧版を上梓してから5年半を経ても、いまだ変わらず人事部門の責任者や担当者、企業等の幹部や管理職にとって、メンタルヘルス不調者への対応は悩ましいものとなっています。

動き出したメンタルヘルス対策
　一方で近年、厚生労働省によって次のようなメンタルヘルス対策の強化や関連する施策が推進されています。

◇長時間労働を行った場合やストレスチェック制度で高ストレスの評価・判定を受けた従業員への「医師の面接指導」を強化
◇産業医の職務拡充の一環として、「健康相談」の枠組みを強化
◇がん、脳・心臓疾患のような病気を持つ人が、治療を続けながら就労できる「治療と仕事の両立支援」の推進（その内容は、不調者への対応にオーバーラップしている）
◇障害者雇用の拡充のために、精神障害を持つ人を雇用する流れが拡大

「メンヘル・ナビ」は、不調者への対応として、現場の管理職が部下の異変に気付き、人事担当者と職場の問題を整理した上で、産業医等の専門家につなぐ流れを基本としていましたが、これらの厚生労働省による施策によって、「メンヘル・ナビ」の上流に「長時間労働者への医師の面接指導」「ストレスチェック後の医師の面接指導」「産業医による健康相談」の三つが加わってきているのです。

不調者対応全体をカバーする、新たな「メンヘル・ナビ」

　「メンヘル・ナビ」では、本人や主治医の意見だけでなく、テスト勤務に当たる試し出勤制度や合議体としての復職判定委員会を通じて、職場側の立場で復職の可否判断を行い、復職後の安定を第一に考えてきました。

　定年年齢の引き上げ等が進む中、がんや動脈硬化の進展による脳卒中や心臓発作等の病を持ち、治療を続けながら働く人を支援することが、企業等に求められています。この「治療と仕事の両立支援」と呼ばれる対応は、「メンヘル・ナビ」における、不調者の復職後のフォローアップで考慮するべきものになってきます。

　メンタルヘルス不調となると、精神障害者保健福祉手帳の３級に相当する可能性があります。雇用の維持等のために不調者本人が同意し、希望すれば、障害者雇用枠に含めていくことも検討するケースが出てきます。

　これらは、「メンヘル・ナビ」のいわば下流に当たる部分です。

　働き方改革では、長時間労働対策とともにパワーハラスメント（パワハラ）対策が強調されています。過重労働やパワハラによってメンタルヘルス不調になったとして労災申請が出されることも、企業側のリスクになり得ます。「メンヘル・ナビ」の運用を充実させるためにも、過労自殺防止対策やパワハラ対策へのより詳しい理解が必要です。

　加えて、産業医の職務の充実が必要との行政方針により、その権能を

強化する方向が示されています。しかしながら、現実には、メンタルヘルス実務対応のできる産業医はいまだに十分とは言えません。世の事業所の過半数を占める50人未満の事業場では、そもそも産業医の選任義務がないままです。

以上のような事項をカバーするために「メンヘル・ナビ」を刷新し、不調者への対応の標準化を中心に据えつつ内容を簡略にして、その上流と下流の内容を追加するという、大幅な改編を加えることにしました。

改訂版でも変わらずに、企業や自治体等でメンタルヘルス不調者への対応に迫られる人事担当者を主な読者と想定しています。その他、衛生管理者や安全衛生担当者で、メンタルヘルス推進担当者の選任を受けている方にも参考にしていただければと思っています。

さらに、企業等に対して外部専門家として関与する、社会保険労務士やEAP専門家、あるいは産業医や産業看護職といった方々にも、職場側への助言の際に、本書を活用いただければと考えています。

行政からの新たな要求に応えつつ、職場で発生するメンタルヘルス不調の問題や付随する課題の解決に、本書をお役立ていただき、「メンヘル・ナビ」を実践していただければ幸いです。

2018年4月

亀田高志

contents

序章 「メンヘル・ナビ」 〜メンタルヘルス復職支援の最新システム〜

1.「メンヘル・ナビ」の全体像を俯瞰する ……… 16
- メンタルヘルス不調とは何なのか？
- メンタルヘルス対策を4段階で捉える
- 「メンヘル・ナビ」の全体像

2.「メンヘル・ナビ」の四つのステップの概要とその作り方 …… 21
1. 不調者への対応ルールの策定 ……… 21
2. 産業医等の役割整理と対話 ……… 23
3. 管理職への周知 ……… 24
4. 不調者への対応ルールの適用とその運営 ……… 26
5. 「メンヘル・ナビ」の作り方のイメージ ……… 27

3.「メンヘル・ナビ」の考え方と特徴 ……… 29
- うつ病等のメンタルヘルス不調の成り立ちと影響
- メンタルヘルス不調は簡単には治らないという前提に立つ
- メンタルヘルス不調をめぐる対話のギャップをなくす
- メンタルヘルス不調はどの職場でも発生すると考える
- メンタルヘルス不調を労務管理の問題として捉える
- 不調者への対応で人事担当者が主体性を発揮する
- 不調者任せの復職は失敗しやすい
- 「メンヘル・ナビ」を導入するメリット
- 「メンヘル・ナビ」の導入でコンプライアンスを順守できる

- ■「メンヘル・ナビ」のデメリット

4.「メンヘル・ナビ」の四つのステップを始める前に 40
- ■ メンタルヘルス不調は労災補償の対象
- ■ 労災申請の後に起きること
- ■ 裁判で問われるのは「親」としての責任
- ■ メンタルヘルス不調によるその他のリスク
- ■ 不調によって生じる損失
- ■ 損失はバランスシートには現れない
- ■「メンヘル・ナビ」は、不調による損失を最小化する
- ■「メンヘル・ナビ」は不調者を排除するためのものではない
- ■ 不調者自身の責任も明らかにする
- ■「メンヘル・ナビ」は家族との連携も重視する

1章 「メンヘル・ナビ」の第1ステップ 〜不調者への対応ルールの策定〜

- ■ 対応の「流れ」を確認する

1. 就業規則 58
   1. 就業規則の条文をチェックする 58
   2. 就業規則に対応ルールを定めるメリット 60
   3. 就業規則の条文例 61
   4. 就業規則を改定する際の注意点 70
   5. すでに不調になっている人への対応 73
2. 社内規程 74
   1. 社内規程を策定する際に想定する詳細な流れ 74
   2. 自宅療養を効果的にする 76

3 療養の記録を付けてもらう ……………………………… 78
　　4 試し出勤制度を設ける …………………………………… 80
　　5 復職判定委員会 …………………………………………… 83
　　6 休職・復職手続表の作成準備 …………………………… 85
　　　■ 休職・復職手続表のイメージをつかむ
　　　■ 5人の関係者がなすべきこと
　　7 休職・復職手続表の例 …………………………………… 96
　　8 休職・復職手続き規程 …………………………………… 97
　　9 社内規程を策定する際の注意点 ………………………… 109
　3. 方針 ……………………………………………………………… 110
　　1 方針を公表する意味と経営層への説明 ………………… 111
　　2 方針の公表を通じて見直す事項 ………………………… 114
　　3 方針を公表する"レシピ" ……………………………… 115
　　　■ 方針を公表するレベル
　　　■ 方針に含める事項
　　4 方針の文例 ………………………………………………… 116
　　5 方針公表後の注意点 ……………………………………… 121
　4. 各種様式類 ……………………………………………………… 122
　　　■ 様式類の使い方
　5. 対応ルールの完成イメージ …………………………………… 141

2章 「メンヘル・ナビ」の第2ステップ 〜産業医等の専門家との連携〜

　1. 産業医等の専門家に期待する四つの役割 …………………… 145
　2. メンタルヘルス不調への対応は産業医の専門ではない …… 147

9

3. 行政施策で注目される産業医とその実態 ………………… 148
4. 選任している産業医との対話 ……………………………… 149
　1 四つの役割を対話でどのように伝えるか ……………… 149
　2 同意・了承が得られたら、各段階での対応を説明する … 150
　3 反対・異論がなければ各種様式類を説明する ………… 152
5. 拒否された場合の対応 ……………………………………… 154
6. 他の産業医や専門家を探すこと …………………………… 155
7. 産業医等の専門家に理解してもらうこと ………………… 157
8. その他の注意点 ……………………………………………… 159
9. 産業医等の専門家の役割が整備された後のイメージ …… 160

3章 「メンヘル・ナビ」の第3ステップ 〜管理職への周知〜

1. 「メンタルヘルス指針」で求められている管理職研修の内容 … 165
2. 関心のない管理職に強調すること ………………………… 166
3. 管理職に求める具体的な行動 ……………………………… 167
4. 管理職への周知用スライド例 ……………………………… 169

　スライド例① 管理職研修—冒頭の説明〜本日の内容

　スライド例② 人事部による対応と背景

　スライド例③ メンタルヘルス不調と職場の問題

　スライド例④ メンタルヘルス不調はどのように生じるか

　スライド例⑤ うつ病のメカニズムと過重労働の関係

　スライド例⑥ 管理職は健康管理責任の主体

　スライド例⑦ 不調は職場の損失

　スライド例⑧ メンタルヘルス不調の難しさ

スライド例⑨ 対応する際の考え方のポイント

スライド例⑩ 管理職に期待される対応

スライド例⑪ 人事部と産業医との連携による病気の確認

スライド例⑫ 作業関連性・会社責任を労災認定基準で検討する

スライド例⑬ "落としどころ"を意識する

スライド例⑭ 対応ルールがなかった今までの問題

スライド例⑮ "落としどころ"を目指す

スライド例⑯ 健康情報管理と不利益な取り扱い

スライド例⑰ 日本におけるハラスメントの実態

スライド例⑱ 厚生労働省によるパワハラ対策と類型化

スライド例⑲ まとめ　対応の体制と仕組み

スライド例⑳ 連絡・相談窓口

5. 対応ルールの管理職への周知や研修の注意点 ……… 189

6. 管理職への周知が完了した後のイメージ ……… 190

4章 「メンヘル・ナビ」の第4ステップ　〜不調者への対応ルールの適用・運営〜

1. 早期発見・再発防止等への取り組み ……… 193

　1 健康相談・保健指導 ……… 195

　　■ 健康相談・相談窓口

　　■ 保健指導

　2 医師の面接指導等 ……… 197

　　■ 長時間労働後の医師の面接指導

　　■ ストレスチェック後の医師の面接指導・補足的な面談

　3 早期発見・二次予防の充実策のまとめ ……… 200

- **4** リワーク・プログラムの活用 ……………………… 201
- **5** 治療と仕事の両立支援 ……………………………… 203
- **6** 障害者雇用 …………………………………………… 207
- **7** 早期発見と再発防止の取り組みが充実した後のイメージ … 210

2. 個別の不調者への対応ルールの適用 …………………… 211
- **1** 分析シート1 ………………………………………… 212
  - ■ 演習1
  - ■ 演習2
- **2** 分析シート2 ………………………………………… 219
  - ■ 演習
- **3** 個別の不調者への対応のまとめ …………………… 223

3. すべてのケースをリスト化し、進捗管理を行う ……… 225
- **1** 対応の質を評価していくポイント ………………… 225
- **2** 不調者のリスト化のポイント ……………………… 227

4. 「メンヘル・ナビ」全体の運営を継続する …………… 230

ご購入者特典

　本書をご購入いただくと、このまま使えて解説された内容が実践できる、各種様式（ファイル）がダウンロードできます。

　収録されている図表のうち左記のマークが付いているものについて、WEBサイトからダウンロードしてください。

ダウンロードの方法について

　株式会社 労務行政（https://www.rosei.jp/）の下段にある「ご購入特典ダウンロード集」のバナーをクリックしてください。画面上でダウンロードまでの流れをご覧いただくことができますので、その内容に沿ってお手続きください。

※ダウンロードには、サイトへの会員登録（無料）が必要となります。

ご購入者特典　パスワード

5 f r 3 e t 8

序章

「メンヘル・ナビ」
～メンタルヘルス復職支援の最新システム～

「メンヘル・ナビ」の四つのステップ

① 不調者への対応ルールの策定

② 産業医等の専門家との連携

③ 管理職への周知

④ 不調者への対応ルールの適用・運営

この「メンヘル・ナビ」は、メンタルヘルス不調の問題に対応するシンプルなシステムです。それを形作り、活用していくために、次の四つのステップで作業を進めていきます。

❶ 不調者への対応ルールの策定

❷ 産業医等の専門家との連携

❸ 管理職への周知

❹ 不調者への対応ルールの適用・運営

　最初に「メンヘル・ナビ」の全体像を俯瞰し、四つのステップの概要を紹介し、その考え方と特徴を説明します。また、四つのステップに入る前に、人事担当者として理解しておいたほうがよい事項を解説します。
　これらを知っておくことも、一つのステップであるとご理解ください。

1 「メンヘル・ナビ」の全体像を俯瞰する

　人事担当者や現場の管理職等にとって、メンタルヘルス不調者への対応は実に難しい問題です。私の元にも、次のような相談がしばしば寄せられてきます。

「ストレスチェック制度や長時間労働者への対策を進めている中でうつ病の従業員が見つかったが、想定外の対応に苦慮している」
「不調者はなかなか完治せず、休職と復職を繰り返す。長期間にわたって人件費に見合う働きができていない」
「働けないことを理由に、一方的に辞めさせるわけにもいかない」
「うつ病だと訴える本人の言動に周囲が振り回されているが、病気であることが妨げとなって、問題の解決が図れない」
「上司のパワハラが原因だと突然言い出し、対応に困っている」
「退職を通告するのはつらい作業だ。個人的には生活の心配もある。けれども、いつまで会社が面倒を見るべきなのか、判断に悩む」

こうした状況に行き当たりばったりの対応を繰り返しても問題の解決には至らず、人事担当者と職場の関係者が疲弊するだけです。

本書が推し進める「メンヘル・ナビ」は、「人事担当者が主体的にメンタルヘルス不調に付随する問題を解決する体制と仕組みを作り、標準的で定型的な運用に落とし込むこと」により、こうした問題への対応の指針を明らかにします。

 メンタルヘルス不調とは何なのか？

"メンタルヘルス不調"という言葉は、精神医学の専門用語ではなくて、厚生労働省による造語です。

その定義は、「精神および行動の障害に分類される精神障害や自殺のみならず、ストレスや強い悩み、不安など、労働者の心身の健康、社会生活および生活の質に影響を与える可能性のある精神的および行動上の問題を幅広く含むものをいう」とされていますが、やや難解です。

そこで、「メンヘル・ナビ」の対象とする、このメンタルヘルス不調という言葉を分かりやすく図示してみましょう（図表①）。

図表①　メンタルヘルス不調とは何なのか？

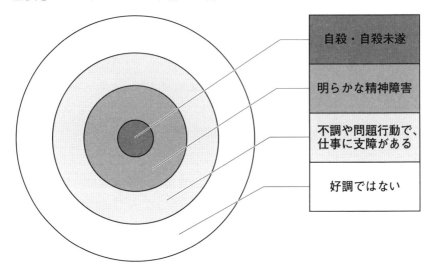

　このうち最も深刻な問題は、自殺や自殺未遂であり、はっきりとした精神障害の状態です。けれども、メンタルヘルス不調に含まれる問題はそれだけではありません。心身への強いストレスにより、仕事や日常生活に影響が出ている状態も不調に含まれます。

　また、落ち込みや興味の消失といった精神面の症状だけでなく、行動面の問題（問題行動）も、メンタルヘルス不調と捉えることに注目してください。

メンタルヘルス対策を4段階で捉える

　こうしたメンタルヘルス不調に対して厚生労働省の求める対策は、予防医学の観点から、図表②にある四つの段階のいずれかに相当すると捉えるとよいでしょう。

　厚生労働省はメンタルヘルス不調という課題に対して、企業等にこの四つの段階における対策を行うよう、労働安全衛生法や関連する通達、

図表②　メンタルヘルス対策における予防医学の4段階

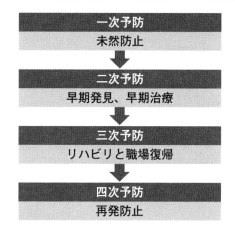

指針により求めているのです。

　この4段階を理解するには、次のケースをイメージするとよいでしょう。

- タバコをやめれば、肺がんの未然防止に役立つ
- がん検診で早期に発見して治療すれば、がんが治る可能性が高まる
- 手術後のリハビリにより、体力を戻して復職する
- 復職後は、再発防止のための経過観察と治療を続ける

　この4段階でメンタルヘルス対策を見直すと、何を目指しているのかが明確になり、優先順位付けやその効果を測る際に参考となります。

「メンヘル・ナビ」の全体像

　この「メンヘル・ナビ」では、メンタルヘルス不調の問題解消のために、4段階の対策のうち、職場復帰支援（三次予防）を中心に、早期発見による二次予防から再発防止の四次予防までを取り上げます。そして4段階を含む実務対応の全体像は、図表③で捉えてください。

図表③ 「メンヘル・ナビ」の全体像

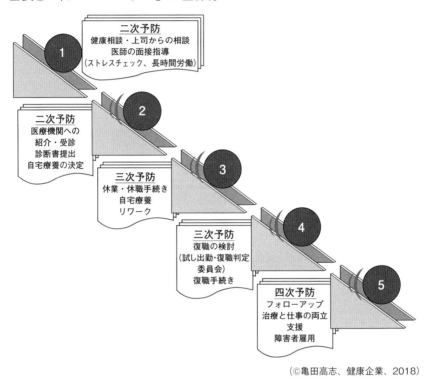

(©亀田高志、健康企業、2018)

　図表③の①〜⑤の番号は、不調を持つ人の段階を意味します。この「メンヘル・ナビ」が導く、いわばレールの上を進んでいくことによって、適切なタイミングで休業し、自宅療養等の休職期間を経て、十分な回復の後に復職し、治療を続けながら安定して就業できる可能性が高まります。

　「メンヘル・ナビ」では、このような体制と仕組みを作り、不調者に対して、例外なく適用していくことを目指します。

　この全体像を形作ることと、把握されたすべての不調者がレールの上を下っていくイメージを、目標とする完成図として持っていただくことがよいと思います。

2 「メンヘル・ナビ」の四つのステップの概要とその作り方

「メンヘル・ナビ」の本格的な説明の前に、これから作業に入る四つのステップのポイントをざっと確認しておきましょう。

1 不調者への対応ルールの策定

ここでいうルールとは、「就業規則や関連する社内規程」のことです。

"不調者、管理職、産業医等が従うべきルールを策定する"のは、一定の不調者は必ず発生することを受け入れ、その対応を標準化することで、すべての従業員に公平で適切な対応を行うという発想に基づきます。誰もが準拠できるルールがなければ、不調者の症状や経過、その個人の事情に振り回されることになります。

策定すべきルールと必要な作業は、図表④のとおりです。

図表④　不調者への対応ルールの策定

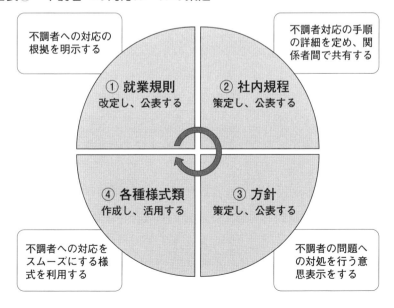

これらを順序よく進めることで、対応ルールが完成します。
　ちなみに、就業規則の不備によって生じるメンタルヘルス不調者のリアルな問題には、次のようなケースがあります。

> ① 欠勤が続いても、診断書の提出を求める術がない、させられない
> ② 復職したい不調者が、何をいつ、どのようにすればよいのかが分からない
> ③ 休職中の不調者が突然、復職したいと申し出る。例えば、ある日、いきなり出社し始めてしまう
> ④ 「復職が可能である」と書かれた主治医の診断書が、明らかに本人の体調等からは不適切だと思えるのに、これに反論することができない
> ⑤ 復職を希望する不調者が就業に本当に耐え得るのかを会社側で確認する手段がない
> ⑥ 復職を許可するかしないのかを会社側で協議する場が確保できない
> ⑦ 休職と復職を繰り返し、年余にわたって十分に働けない従業員の取り扱いに困る
> ⑧ 昇進や昇格、責任の増大で不調になったような場合、いったん降格させるのが本人のためでもあるのに、そうすることができない
> ⑨ 休職期間満了の場合の手続きや対応が不明確で、判断できない

　就業規則でルールを定めておくと、こうした問題を防止することができます。それも、あまり無理なく、条文を修正するか、文言を追加するだけでよいのです。ただし、必要な改定を行う際には、顧問契約している社会保険労務士か弁護士に念のため確認するとともに、労働組合や従業員代表との協議を適切に行うことは言うまでもありません（これらの詳細は、本章で説明します）。
　さらに、長時間労働を行った従業員やストレスチェック後の二次検査に当たる医師の面接指導に関する部分（不調者への対応の上流）、治療と仕事の両立支援の部分（下流）も含める努力が必要です（この点は、4章で解説を加えます）。

2　産業医等の役割整理と対話

　不調者への対応では、根本原因が医学的な問題であるために、産業医等の専門家の関与が欠かせません。本人と面接して一定の評価を行い、必要だと判断したら専門医への受診を促し、主治医と情報交換を行った上で人事部門や管理職に助言してくれる機能を形作ることが、「メンヘル・ナビ」では必須です。

　日本では、毎年１回の定期健康診断の実施が企業等に義務付けられていますが、その目的には就業制限の要否を検討することも含まれています。残業制限や出張制限、夜勤の禁止といった対応を「就業上の措置」と呼び、従業員が働くことを通じて健康を害することがないよう対応することが求められています。しかしながら、その意見を提出するのが産業医の重要な職務であることは、あまり意識されていません。

　これと同じ手続きをメンタルヘルス不調者への対応ルールにも盛り込み、図表⑤にある四つの役割を産業医等の専門家に担ってもらいます。「メンヘル・ナビ」では、産業医に求めることを、この四つの役割に絞っています。

　それぞれの役割には英語で呼び名をつけていますが、これはメンタルヘルス相談機関の本場であるアメリカのEAPコンサルタントが、問題を抱えた従業員への対応で定常的に担っている役割とイコールです。

　従業員50人以上の事業場では、メンタルヘルス不調等で就労に影響のある従業員への対応に当たり、産業医の評価に基づく意見を聴取する手続きが必須です。50人未満の事業場ではそうした産業医は選任されていませんが、やはり医師等の専門家の意見を聴いたほうがよいのです。

　いわゆる従業員の健康を守る「安全配慮義務」の履行のためにも、企業規模を問わず産業医等の専門家と対話をし、「メンヘル・ナビ」の運営に協力してもらう必要があります。

　厚生労働省は政府の進める働き方改革と連動させながら、「産業医の

図表⑤　産業医の担う四つの役割

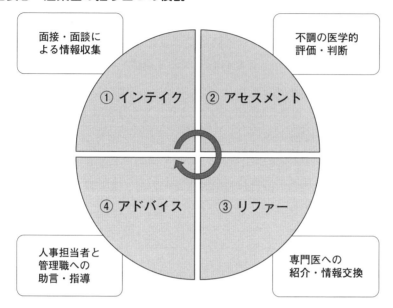

権能の強化」として、メンタルヘルス対策や過重労働対策の充実を図るために、産業医の職務を増やしつつあります。

　ところが、実態としてはこうした経験の乏しい医師が少なくありません。したがって、これら産業医としての役割を果たしてもらうために、しっかりと対話していく必要があります。もしも、そうした役割を産業医に担ってもらえないのであれば、別の医師や、職場で働く保健師や看護師、メンタルヘルス相談機関のカウンセラー等を探す必要があります。もちろん、従業員50人未満の事業場で産業医を選任していないケースでも同様です（これらについては、2章で詳しく説明します）。

3　管理職への周知

　「メンヘル・ナビ」の運営主体には、人事部門の責任者や担当者を想定しています。個々の不調者の受け入れは各管理職が行い、外部の専門

家が不調者と会社を支援する形を基本とします。

　通常、管理職は精神的にタフな人が多く、メンタルヘルス不調には経験も興味もありません。一方で、メンタルヘルス不調者は大まかにいって従業員10人強に1人の割合で発生する可能性があるからこそ、管理職への周知は必須です。

　周知の目標は、文書化された共通ルールの趣旨を管理職が理解し、人事部門と協力して、不調の部下への適切な対応を実践してもらうことです。管理職を動機付けるためには、「不調によるリスクと職場の損失の最小化」が主たる課題であると伝えます。

　この際のポイントは、次の二つです。

- なぜ、上司が対応しなければならないのかを納得してもらうこと
- 実際に部下が不調に陥った際、具体的にどのような行動を取る必要があるのかを理解してもらうこと

　この2点の理解が得られれば、その後の「メンヘル・ナビ」の運営はスムーズになります。

　管理職への周知は研修の形式で行うのがベストですが、それが物理的に難しいようなら、幹部や管理職の集まる会議で繰り返し説明し、理解を求めていくとよいでしょう。

　「メンヘル・ナビ」の具体的な"レシピ"では、管理職に担ってもらう役割は図表⑥のように極めてシンプルです。

　周知の機会として研修の形が取れるのであれば、早期発見（二次予防）に位置づけられる、産業医等による健康相談や長時間労働、ストレスチェック後の医師の面接指導や、あるいは、再発防止等（四次予防）を目指す「治療と仕事の両立支援」の重要性を理解してもらいましょう。部下に問題が生じたらすぐに申告してもらえるよう、日ごろから部下と対話し配慮することも管理職に求めます。

図表⑥　上司である管理職の担う四つの役割

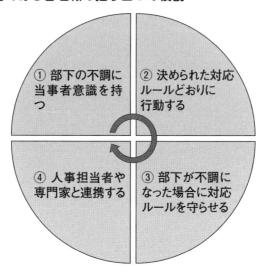

4　不調者への対応ルールの適用とその運営

　以上の準備が整ったら、不調者には例外なく、策定したこのルールを適用します。不調者本人、管理職、産業医等の専門家、そして人事部門の関係者がルールに沿って行動することで、ゴールとなる"落としどころ"に到達しやすくなります。

　この"落としどころ"とは、個々の不調者のリスクと損失が最小化された状態を意味します。

　「メンヘル・ナビ」に従うと、すべての不調者の情報が人事部門に集まってくるはずです。その情報を定期的に確認し、ルールからの逸脱がないかを見守ることで、対応の精度が持続的に向上します。

　「メンヘル・ナビ」を運営することで、メンタルヘルス不調による職場全体のリスクと損失を最小化することが可能になりますが、ここで注意すべきは、例外を作らないことです。肝心の人事担当者の対応がブレてしまっては、元も子もなくなってしまうからです。

例えば、よく知った従業員だからという理由で復職の際に温情的な措置をしたり、一貫性を欠く態度を示すことがあってはなりません。決まったルールに従って、すべての不調者に公平に対応するのが、「メンヘル・ナビ」の成功の鍵です。

　人事担当者として集めた不調者の情報は、図表⑦で掲げる五つのポイントを適宜あるいは定期的に見直しながら、不調者の個別の問題や課題を分析し、確認することができます。

図表⑦　個別の不調者に関する分析項目
　　　　〜事例の対応当初から適宜評価していくポイント〜

事例性（じれいせい）	職場での問題はどのようなものか
疾病性（しっぺいせい）	病気の有無、診断される病名、病状の重さはどうか
作業関連性（さぎょうかんれんせい）	行政や司法から職場の責任を問われないか
リスク	自殺や事件に至る可能性の有無と、それが大きいか小さいか
損失	労働損失や事業への影響が大きいか小さいか

　「メンヘル・ナビ」の運営の一部として、図表⑦に掲げるこれらの評価を、経過に応じて繰り返し見直していきます。こうした作業はすべての不調者の進捗管理を行うことでもあり、見直しを通じて、継続的にリスクと損失の最小化を目指すことができるようになります（これらの適用や運営の詳しいポイントは、4章で説明します）。

5　「メンヘル・ナビ」の作り方のイメージ

　「メンヘル・ナビ」を自社内で作っていく際には、図表⑧に示すような

①不調者への対応ルールの策定、②産業医等の役割整理と対話、③管理職への周知、④不調者への対応ルールの適用・運営という四つのステップを進めるレールを作り、これを傾けていき、さらにレールの上に不調者を乗せてスムーズに進めていくというイメージを持ってください。

図表⑧　「メンヘル・ナビ」の作り方・進め方

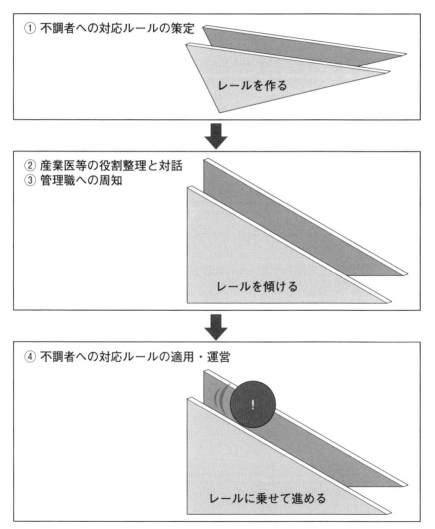

3 「メンヘル・ナビ」の考え方と特徴

　この「メンヘル・ナビ」は、実務対応に長けた専門的な産業医が常駐し、十分な資金も有する限られた大手企業でしか実践できないやり方を勧めるものではありません。また、職場の不調者のケアを企業等に最優先で求める、厚生労働省のスタンスとも少し違います。

　職場におけるメンタルヘルス不調の問題を直視し、「合理的に現実的な"落としどころ"を目指そう」というのが、「メンヘル・ナビ」の考え方です。

うつ病等のメンタルヘルス不調の成り立ちと影響

　「メンヘル・ナビ」の考え方や方法論を身につけるためには、メンタルヘルス不調の成り立ちを客観的に理解しておくことが大切です。精神医学や脳科学の発達、発展によっても、そのメカニズムは完全には解明されていません。図表⑨に示すように、現段階で言えることは、

（ⅰ）職場の内外のさまざまなストレスによって
（ⅱ）脳内の細胞のミクロレベルにおける機能の低下が起き
（ⅲ）落ち込みや興味の消失といった症状の訴えが生じる

という成り立ちです。つまり、心理的なストレスによって、生物学的な脳の機能低下が生じ、その結果、不調の人は医学的な症状を訴えるようになるということです。

　しかし、「メンヘル・ナビ」の問題意識はこれにとどまりません。

　症状の変化やその経過の中で不調者は、遅刻や早退、無断欠勤をして勤怠が乱れ、仕事のスピードと精度が落ち、ミスをしたり、誤字・脱字の多いメールや文書を書くようになります。いら立ちを表に出したり、コミュニケーションが取れない状態にもなり得ます。

　こうした状態に陥ると、個人の生産性が低下し、労働損失を生じ、職

図表⑨　メンタルヘルス不調とその問題のメカニズム

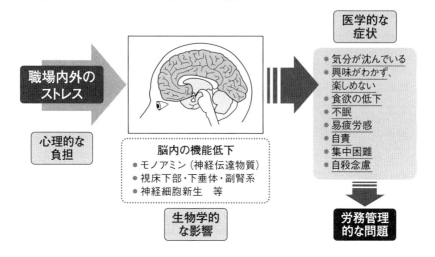

場運営にも影響を及ぼします。つまり、健康問題そのものではなく、人事労務部門と管理職が対処すべき労務管理上の問題へと発展します。

メンタルヘルス不調は簡単には治らないという前提に立つ

　こうした労務管理的な面が課題となるメンタルヘルス不調ですが、「メンヘル・ナビ」では、これが簡単には治らないという前提に立ちます。こうした事実を受け入れることは、不調者の問題を解消しようとする中にあって意外なことかもしれません。

　しかし、メンタルヘルス不調のメカニズムが完全に解明されていないということは、特効薬がまだないということであり、簡単には治らないことは精神医学で明らかな事実なのです。

　特定の病気を治療した後の患者さんの経過のことを、医学用語で「予後」と言います。例えば、典型的なうつ病の予後を見ると、初めてうつ病となった人の5〜6割が再発するといわれています。

典型的なうつ病と診断された人のうち、治療がよく効き、再発なく、安定する確率は、4人に1人くらいであって、症状を繰り返すか、躁うつ病となって自殺してしまうケースもあるのです。
　こうした事実を受け入れることができると、不調の人や家族も現実を見つめて、最良の対処ができるようになります。また、管理職や人事担当者としても、完全な回復を目指して必要以上の努力を延々と続けずに済みます。
　「メンヘル・ナビ」の適用や運営を通じ、人事担当者や管理職が共通認識を持って対応すれば、メンタルヘルス不調による職場への影響は少なく保つことができます。

メンタルヘルス不調をめぐる対話のギャップをなくす

　人事担当者や管理職と不調となった従業員との対話における「よくなった」という言葉には、立場による違い、いわばギャップがしばしばあります。
　例えば、復職を焦る従業員であれば、毎日働くには十分でなくとも、症状が前に比べて少しでも改善すれば「よくなった」と言うでしょう。一方で、「よくなった」と聞いた管理職や同僚は、十分に働くことができるほど回復したレベルを想像します。
　このギャップが、復職の失敗を招いてしまうことが多いのです。
　この「よくなった」ことへの捉え方のギャップは、不調者の自己申告とそれを支持する主治医の見解や診断書だけで復職の目安が示されるために生じます。
　「メンヘル・ナビ」を適用すると、こうしたギャップをなくし、休業や休職を継続する必要があるのか、求められる仕事がこなせるような復職可能なレベルであるのかといった判断を、人事部門が主体的に、客観性のある根拠を持って行うことができます。

図表⑩　改善や悪化を意味する言葉

「状態の改善」を意味する言葉	「再びの悪化」を意味する言葉
反応（はんのう）　治療によって症状が改善したこと	**再燃（さいねん）**　治療で治まっていたものの、寛解する前か、寛解したが回復する前に、再び悪化した場合
寛解（かんかい）　治療が継続しているものの、症状がおおむねなくなったこと	**再発（さいはつ）**　回復したものの、再び悪化した場合
回復（かいふく）　寛解の状態が半年以上続いていること	

　参考までに、精神医学で改善や悪化を意味する言葉を図表⑩に掲げてみましたが、いずれの言葉からも、うつ病等の経過が簡単ではないことがうかがえます。だからこそ、「メンヘル・ナビ」のようなシステムや指針が必要と言えます。

　メンタルヘルス不調はどの職場でも発生すると考える

　不調者への対応経験がない人事担当者や人材の問題を扱った経験のない管理職は、メンタルヘルス不調は稀（まれ）であると考えます。しかしながら、うつ病等の不調者は決して稀ではなく、どこでも発生するのです。
　例えば、入院しているか、外来に通院しているうつ病の類の患者数は2014年の段階で男女あわせて111万6000人に及びます。また、一般的にメンタルヘルス不調には神経症（不安障害）という類の病気も含まれますが、この患者数は72万4000人となり、うつ病の類と合わせると日本の総人口の約1.5％に当たります（厚生労働省「患者調査」）。

一方で、専門家による一般住民に対する調査において、その調査時点まででうつ病の類に罹ったことがある人は6.2％、神経症（不安障害）と呼ばれる状態の場合は2.9％に及ぶことが分かっています。両者はオーバーラップすることが知られていますが、仮にこのままの数字を当てはめると、働く人の10人強に１人はうつ病や不調に罹ったことがあると推定できます（平成26年度「精神疾患の有病率等に関する大規模疫学調査研究：世界精神保健日本調査セカンド」）。

　自殺に関しては、年間総数２万1897人のうち「被雇用者・勤め人」は6324人となっています（平成28年度厚生労働省・警察庁資料）。

　また、メンタルヘルス不調により１カ月以上欠勤・休職している社員がいる企業割合が86.2％で、従業員1000人以上規模で100.0％、300～999人規模で85.7％、300人未満規模で70.6％という調査結果（労務行政研究所「企業のメンタルヘルス対策に関する実態アンケート」2017年）があることからも、あらゆる職場で不調による休業や退職が起きていることが分かります。

　このようにメンタルヘルス不調による休業・休職は、もはやどの職場でも起きる問題なのです。

メンタルヘルス不調を労務管理の問題として捉える

　メンタルヘルス不調は病気であり、医師による治療の対象であるから、労務管理やマネジメントの課題ではなく「健康管理マター」だと感じる人がほとんどです。

　しかしながら、メンタルヘルス不調によって個人の生産性が低下し、労働損失を生じ、職場運営にも影響を及ぼす一方で、特効薬がなく、復職を検討できるレベルに回復するのに数カ月を要するのが実態です。

　職場で現実に問題となっているのは、人件費を払っているのに働けない状態、回復を前提に休職しているが復職できない状態、休職事由が消

減しているはずなのに復職後も十分に働けない状態であり、これらは労働損失なのです。また、労災申請や裁判になる可能性が伴えば、労務管理上のリスクにもなります。

　以上のような理由から、メンタルヘルス不調は、やはり「労務管理の問題」と捉えたほうが合理的です。そのほうが管理職は自身の当事者性を理解し、人事担当者と連携を取ってもらいやすいのです。

不調者への対応で人事担当者が主体性を発揮する

　メンタルヘルス不調だから健康管理マターだという気持ちの強い人事担当者は、メンタルヘルス対応のできる産業医を探し出すことがベストな対策だと信じています。けれども、そうした産業医はなかなか見つかりません。

　もしうまく見つかっても、個別の不調者に関して、専門医への紹介や時短勤務のような就労制限に関する助言をもらえるだけであり、職場側で必要な、それを裏付ける就業規則や社内規程のようなルールを作ってくれる産業医は、極めて稀です。

　そもそも労働安全衛生法で定められた産業医の職務は、事業者、つまり企業等に対しての勧告、平たく言えばアドバイスをするにすぎません。従業員50人未満の事業所であれば、産業医を選任する義務もありません。

　あくまでもメンタルヘルス不調による労務管理上の問題に対処する責任は企業等の側にあり、その実務を担うのは人事部門の責任者や担当者です。また、時短勤務や出張制限にある部下の管理、職場内の仕事の調整は、上司として管理職が苦労しながら行うことになります。

　こうした実情を踏まえ、この「メンヘル・ナビ」では、医師等の専門家ではない人事担当者が主体性を発揮してルールを策定し専門家を活用するスタンスを保つことと、これらを標準化することで、ルーチン業務の一つに落とし込んでいくことを重視します。

不調者任せの復職は失敗しやすい

　働く人のほとんどは、メンタルヘルス不調に陥ったときに直面する、当事者としての問題を想像できないものです。いわゆる"メタボ"や生活習慣病を健康診断で指摘されることがあっても、自身が病気休職となる状態は想定外でしょう。

　まず、メンタルヘルス不調に陥り、自宅療養措置となった人は、家族にどのように説明するのかに悩みます。残業代や手当がなくなり、果ては健康保険による傷病手当金に頼るなどの経済的な不安のほか、自分が休職しても職場が回っているという事実を突きつけられ、職場に居場所がなくなる不安にかられます。

　そうした不安から、病気療養となっても回復に専念できないまま体調に構わず早めに復職しようとするのです。そして、雇用への不安を不調者から聞いた医師は、患者である本人の希望どおりの日にちや条件で診断書を発行し、復職が可能との見解を企業等に伝えようとします。

　復職は本来、十分な回復を前提として試みるべきです。そうしないと早晩、症状が悪化して、勤務を続けられない状況に逆戻りしてしまうからです。

　「メンヘル・ナビ」で提示するようなルールがない状態で不調者が出ると、療養に導くことも復職を成功させることも難しくなるのは、不調者任せの早すぎる復職が原因となりがちです。

「メンヘル・ナビ」を導入するメリット

　以上のような問題意識とその解消を優先するために、本書では具体的なツールとその使い方の説明に集中します。これは料理の"レシピ"を提供するのと同じことです。

　定番の料理でも創作料理でも、レシピを作ることは簡単ではないです

が、そのレシピがあれば、どのような人でも、ほぼ同じおいしい味を再現できます。

　筆者が専門産業医とコンサルタント、さらにはメンタルヘルスの事業化を通して得た知識と現場経験から作り上げてきた「メンヘル・ナビ」というレシピを理解し、職場で実践すれば、関係者にとってさまざまなメリットが得られます（図表⑪）。

図表⑪　「メンヘル・ナビ」のさまざまなメリット

人事担当者にとって
- すべてを自分一人で背負わなくて済むようになる
- 管理職になすべきことをしてもらえるようになる
- 管理職との連携が取りやすくなる
- 復職や休職期間満了の際に適否を判断しやすい
- 不調者への対応で迷うことが少なくなる
- 不調者への対応に割く時間とエネルギーが少なくて済む
- 産業医等の専門家に、不調者の対応を依頼しやすくなる
- 不調者の状態を把握できているという感覚を持つことができる
- 不調者によるリスクや損失を可視化し、タイムリーに確認できる
- 不調者の状況を関係者間で共有することができる
- 不調者問題への苦手意識が薄れる
- 不調者への対応で、厚生労働省のガイドラインの内容をカバーできる
- 不調者への対応を標準化でき、担当者が異動等した後も、枠組みや仕組みを引き継ぐことが容易になる

管理職にとって
- 部下の不調やそのサインに気を配るようになる
- 不調者の対応でなすべきことが分かり、当事者性を意識できる
- 人事担当者や産業医との連携が確保される
- 不調者への対応に迷うことが少なくなる
- 不調者への対応に割く時間とエネルギーが少なくて済む
- 不調者によるリスクや損失を軽減するための対処ができる
- 不調者への対応の、よりどころができる

不調者自身にとって
- 療養、休職を経て、復職までに自分がいつ何をすればよいかが分かる
- その結果、無用な不安を持たずに済む
- 復職手続きのような大切な情報を、家族と共有できる
- 復職を目指して無理をする必要がなくなり、焦らずに療養と回復に専念できる
- 療養や休職に入った場合に気を付けることが分かる
- どれくらいの状態であれば復職できるのかが分かる
- 復職後になすべきことも分かる

産業医にとって
- あまり経験がなくとも、不調者への対応でなすべきことが分かる
- 主治医との立場の違いを理解しやすい
- 人事担当者や管理職と連携を保ちやすい
- 精神科が専門でなくとも、無用な心配をせずに済む

健常な従業員にとって
- 万が一、不調になった場合のことを、あらかじめ知っておくことができる
- もしも同僚が不調になった場合に、適切な理解をもって接しやすく、支援しやすい

「メンヘル・ナビ」の導入でコンプライアンスを順守できる

　「メンヘル・ナビ」の四つのステップやその考え方は、完全にオリジナルなものではありません。その"レシピ"には、厚生労働省による「心の健康問題により休業した労働者の職場復帰支援の手引き」(以下、職場復帰支援の手引き)や「労働者の心の健康の保持増進のための指針」(以下、メンタルヘルス指針)を参照しているほか、「治療と仕事の両立支援」に関する「事業場における治療と職業生活の両立支援のためのガイドライン」の内容も意識しています。

働き方改革が政府によって進められる中、厚生労働省のメンタルヘルス対策により企業等への指導が強化されています。そうした状況で「メンヘル・ナビ」を活用すれば、あらためてエネルギーをかけなくても、求められる法令・指針を順守することができます。

「職場復帰支援の手引き」（2）職場復帰支援の基本的考え方より

> ア　職場復帰支援プログラム
> 　心の健康問題で休業している労働者が円滑に職場に復帰し、業務が継続できるようにするためには、休業の開始から通常業務への復帰までの流れをあらかじめ明確にしておく必要がある。
> 　事業者は本手引きを参考にしながら衛生委員会等において調査審議し、産業医等の助言を受け、個々の事業場の実態に即した形で、事業場職場復帰支援プログラム（以下「職場復帰支援プログラム」という。）を以下の要領で策定し、それが組織的かつ計画的に行われるよう積極的に取り組むことが必要である。
> - 職場復帰支援プログラムには、職場復帰支援の標準的な流れを明らかにするとともに、それに対応する手順、内容及び関係者の役割等について定める。
> - 職場復帰支援プログラムを円滑に実施するために必要な関連規程等や体制の整備を行う。
> - 職場復帰支援プログラム、関連規程等及び体制については、労働者、管理監督者及び事業場内産業保健スタッフ等に対し、教育研修の実施等により十分周知する。
>
> イ　職場復帰支援プラン
> 　実際の職場復帰支援では、職場復帰支援プログラムに基づき、支援対象となる個々の労働者ごとに具体的な職場復帰支援プランを作成する。その上で、労働者のプライバシーに十分配慮しながら、事業場内産業保健スタッフ等を中心に、労働者、管理監督者が互いに十分な理解と協力を行うとともに、主治医との連携を図りつつ取り組む。
>
> 　　　　　　　　　　　　　　　　※下線・網掛けは筆者による。

「メンヘル・ナビ」において、この職場復帰支援の手引きの 網掛け部分 は、ルールの策定に当たり産業医等の専門家の役割を整理するための参考になりますし、下線部分のような管理職等への周知も行います。「イ　職場復帰支援プラン」は、不調者への対応ルールの適用そのものです。「メンヘル・ナビ」の対応ルールに当たるものが「職場復帰支援プログラム」であり、ルールを不調者に適用する職場での具体的な対応が「職場復帰支援プラン」に当たります。

　「メンヘル・ナビ」を導入し、運営していけば、厚生労働省が求める、これらの事項をあまり意識せずに"実践"できることになります。つまり、自然にコンプライアンスを順守できるのです。

「メンヘル・ナビ」のデメリット

　まさにいいことずくめに見える「メンヘル・ナビ」ですが、導入していく場合のデメリットがないのか、念のため関係者ごとの立場で確認しておきましょう。

> **人事担当者にとって**
> - 就業規則等のルールを策定し、改定を公表する等の手間が生じる
>   ⇔まとめて行えば数日程度の作業にしかならない
>   ⇔他の改定と一緒に行えば、「メンヘル・ナビ」に特別な手間はかからない
> - 管理職研修等の周知の機会を計画し、管理職に聴いてもらわなければならない
>   ⇔一度行えば啓発にも役立ち、ルール類の徹底ができれば、すべてを自分で背負わなくてもよいと納得してもらえ、人事部門との連携が強化できる
> - 管理職からの相談が増え、対応の時間と手間が増える
>   ⇔より軽度の段階での相談が増え、不調者の状況を関係者間で共有しやすい

> **管理職にとって**
> - 管理職研修等の周知の機会に参加しなくてはならない
>   ⇔1回2時間程度で、不調の疑われる部下への対処法や世の中で求められている責任と具体的な対応ルールが理解できる
>
> **不調者や健常者にとって（産業医にとっても）**
> - 特にデメリットはない

　総じて「メンヘル・ナビ」のデメリットはとても小さく、メリットのほうがはるかに大きいと考えられるでしょう。

4 「メンヘル・ナビ」の四つのステップを始める前に

　次の章から、いよいよルールの策定作業を始めるわけですが、その前にいくつか、メンタルヘルス不調者に関連するポイントや注意点を説明します。

　ここで説明する内容をよく理解していただくと、実際の適用や運営に至るまで、方向性を間違わないで済むと思います。これらの内容は、産業医や管理職とも共有しておきたい点でもあります。

メンタルヘルス不調は労災補償の対象

　職場側にとって、メンタルヘルス不調に付随するリスクの一つである労災保険・労災補償を、ここで説明します。

　メンタルヘルス不調の最悪の結果は、言うまでもなく自殺です。この自殺や自殺未遂、療養を要するレベルの精神障害までが、労災補償の対象になります。

　労災事故によるけがや障害に関する因果関係の証明には、

◇ "仕事に従事していた" という点（業務遂行性）
◇ "仕事によってけがをした" という点（業務起因性）
の二つを明らかにする必要があります。

　しかし、職場ストレスや職場環境によってメンタルヘルス不調になったことを証明するのは、簡単ではありません。特に、定量的に測ることができない職場のストレスと、自殺を含むメンタルヘルス不調との因果関係といった業務起因性の判断は、難しい面があります。

　そこで旧労働省が1999年、責任の所在を明らかにするのに準拠したのが、「ストレス-脆弱性」理論という考え方です（図表⑫）。

　この理論（モデル）では、メンタルヘルス不調を発病するかどうかには、二つの軸が関係していると考えます。

- 縦軸
  →職場（あるいはプライベート）での"ストレスの強度（＝強さ）"
- 横軸
  →ストレスに耐える力が弱いという"反応性・脆弱性"の程度
  （＝小さいと力が強い）

図表⑫　ストレス-脆弱性理論（モデル）

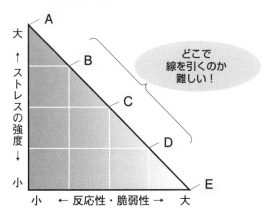

※労働省労働基準局補償課編「精神障害等の労災認定」（平成12年3月）より引用・改変。

図表⑫のA、B、C、D、Eはそれぞれ不調者を表しています。

Aは主にストレスが強いことによる発病、Eはストレスに耐える力が弱いことによる発病ですが、実際には、AとEのようなケースはまれで、B、C、Dのようなケースがほとんどです。

労災申請によって業務起因性を検討しなければならない場合の多くは、図中のB、C、Dにおける職場のストレスの強度とそれに耐える力がどれくらいの強さだったのかを検証することになります。その際、同じレベルのストレスの強さを一般的に多くの人がどのように受け止めるのかを参照できるよう、厚生労働省が2011年12月に「心理的負荷による精神障害の認定基準」（平23.12.26　基発1226第1号）をまとめました。

厚生労働省から公表されている「平成28年度過労死等の労災補償状況」を見てみると、この認定基準に基づいて、次のような場合に支給決定が多くなされていることが分かります。

- 事故や災害の体験
    - →（重度の）病気やけがをした
    - →悲惨な事故や災害の体験、目撃をした
- 仕事の量・質
    - →仕事内容・仕事量の（大きな）変化を生じさせる出来事があった
    - →1カ月に80時間以上の時間外労働を行った
    - →2週間以上にわたって連続勤務を行った
- 対人関係
    - →（ひどい）嫌がらせ、いじめ、または暴行を受けた
    - →上司とのトラブルがあった
- セクシュアルハラスメント
    - →セクハラを受けた
- 特別な出来事（心理的な負荷が極度のもの）
    - →極度の長時間労働（1カ月でおおむね160時間以上、3週間でおおむね120時間以上）や、深刻な事故や災害、セクハラ被害等

これらの基準は、ストレス要因を多くの人に点数化してもらうという医学的調査を基に、識者による検討を経て決められていることから、完全な科学的な検証だけでなく、社会通念に基づく面もあると覚えておくとよいと思います。

労災申請の後に起きること

労災申請の数は毎年、必ず新聞等で取り上げられますが、企業等の幹部や管理職にはあまり関心をもたれていないようです。しかし、実際に労災申請が出された場合にどのような事態になるのかは、「メンヘル・ナビ」を運営する立場であるならば知っておく必要があります。

メンタルヘルス不調者やそれがもとで自殺等した人の家族が心因性精神障害の労災申請を行う場合には、会社側が給付請求書の記述を認めなくとも、労働基準監督署に提出できます。そして、申請内容が妥当かどうか、労働基準監督官が職場へ調査にやってきます。

もし過重労働が原因だとの訴えがあれば、入退社の時間からパソコンのオン・オフ、さらにはメールの送信時間まで徹底的に調べられ、会社全体や事業所全体の労働時間管理の不備を指摘されたり、場合によっては是正勧告を受けたりすることになります。

また、厚生労働省から出された「『過労死等ゼロ』緊急対策を踏まえたメンタルヘルス対策の推進について」という通達（平29.3.31　基発0331第78号）では、精神障害に関する労災支給決定が行われた会社には、メンタルヘルス対策を主眼とする個別指導を実施するとともに、精神障害の再発防止が必要と判断された場合には、衛生管理特別指導事業場に指定し指導を行うと明示されています。

さらにおおむね３年間で精神障害に関する労災支給決定が２件以上あった場合には、その本社に対してメンタルヘルス対策の全社的な取組を指導し、未遂を含む過労自殺が認定された場合にも、同様に衛生管理特

別指導事業場に指定等する旨が示されています。

　端的に言えば、"労働問題の警察署"である労働基準監督署に目を付けられる状態となるわけですから、この求人難の時代では人材確保の足かせとなるに違いありません。

　このように、労災申請やその支給決定は看過できないリスク要因となるのです。

 裁判で問われるのは「親」としての責任

　自殺や自殺未遂、慢性的な精神障害の原因が職場ストレスによるものだと不調者本人やその家族が考えた場合、裁判に発展することもあります。その際、「安全配慮義務」を会社側が果たしていたかが争点になります。

　この安全配慮義務を、企業（管理職）には、古き良き時代の父親や母親のように従業員（部下）のことを思いやる責任があると評する法律家もいますが、自分の部下を子どものように大切に扱えと言われても、そんな認識は第一線の管理職にはないかもしれません。

　安全配慮義務について、過重労働を例にすると次のようにまとめることができます。

> A　危険予知＝危険を予知してあげること
> 　→過重労働の結果、うつ病等を発病する危険、あるいはその結果自殺するという危険があると予知すべき
> B　危険回避＝危険を回避する物理的な対応を取ること
> 　→予知された危険があるのだから、担当する仕事を減らしてでも、早く帰らせるべき

　Aの危険予知は、もはや知らないでは済まされません。「過労死ライン」として「1カ月間におおむね100時間または発症前2〜6カ月間にわた

って1カ月当たりおおむね80時間を超える時間外労働が認められる場合は、業務と発症との関連性が強い」との評価を厚生労働省が示しているからです。

ところがBの危険回避を聞くと、そこまで問われるのかとあぜんとする管理職がいます。

この安全配慮義務は、2008年3月から労働契約法の第5条に明文化されており、万が一裁判になった場合に、これらの義務を果たしていないと判断されれば、会社だけでなく管理職個人も多額の損害賠償を支払う可能性があります。

このように「安全配慮義務」に示された責任を果たさなかった、あるいはその規範から外れたと判断された場合に、メンタルヘルス不調者にかかわる人材リスクが顕在化するのです。

メンタルヘルス不調によるその他のリスク

メンタルヘルス不調に関連するリスクには、自殺が起きた場合の管理職や同僚たちへの心理的なダメージのほかに、突然の欠員による人手不足などの物理的な影響が含まれます。

部下が自殺した場合、自分のせいだと感じる上司は少なくありません。葬儀等で家族と会う際にも強いストレスを感じ、それが原因で不眠に陥る人もいます。同僚にも同じようなことが起きるなど、職場への影響は避けられません。

また、職場のストレスが原因で自殺した、あるいは裁判を起こされたといった報道がなされたりすると、企業のイメージダウンは避けられません。

企業の社会的責任（いわゆるCSR）とともにこうしたリスクや付随する責任に関して、人事担当者ばかりでなく、部下を持つ管理職も理解しておく必要があります。このようなリスクを回避するためにも、「メンヘル・ナビ」を活用できます。

「メンヘル・ナビ」を運営すると、社内や事業所内のすべての不調者情報が集約され一元管理でき、リスクが許容範囲内であるか、もしものときの打ち手があるのか、という点まで人事担当者の目線で検討できるようになります。

「メンヘル・ナビ」のような仕組みを持たない会社では、労災申請が出されることが分かってからそのリスクを回避しようとしますが、顕在化したリスクの影響を抑える努力は、往々にして報われません。なぜなら、すでにトラブルに発展しているからです。

すべての不調者にルールを適用し、リスクを定期的に見積もり、評価することで、対応策と"落としどころ"を考える仕組みが「メンヘル・ナビ」にはあります。つまり、リスクが顕在化する前に、予防的な対応ができるのです。

不調によって生じる損失

リスクに続く問題として、不調者にかかわる損失があります。

メンタルヘルス不調者を守ろうという考え方に立てば、雇用を保障することである程度関連するリスクを軽減できるかもしれません。しかしながら、メンタルヘルス不調に関係する損失を解消することにはつながりません。ここが職場運営上、最も大変なところであり、対処を要する点です。

先に述べたように、メンタルヘルス不調となった人は、休業・休職を繰り返すか、十分でない働き方のまま固定してしまいがちです。あるいは、最終的に退職に至ってしまうことも少なくありません。

そうした不調者の経過を職場サイドの目線で見てみると、図表⑬の示すフローのどこかに当てはまることが分かります。この右下の黒地部分だけが、求める仕事ができていると評価できますが、それ以外では何らかの労働損失が生じています。

図表⑬ メンタルヘルス不調者の経過フロー

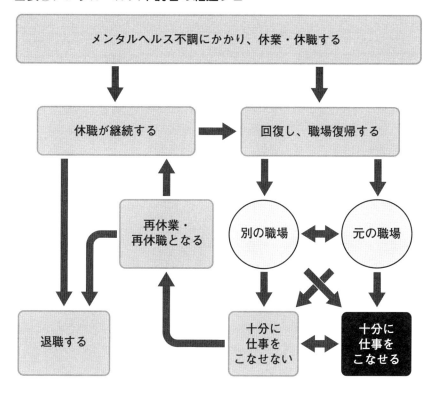

損失はバランスシートには現れない

　こうした損失も、体力のある企業であれば、ある程度の期間は許容できるかもしれません。
　けれども現場としては、1人の不調者の損失を数人でカバーすることが迫られます。働けない人の分は、現場でしか埋め合わせができないからです。結局、メンタルヘルス不調によって生じる損失は、上司である管理職と直接的な責任のない同僚たちが負うことになるのです。

厚生労働省も、職場側が気を付けることとして、「職場復帰支援の手引き」の中で次のように言及しています。

> 〈抜粋〉
> 1．(3) 職場復帰支援に当たって留意すべき事項
> ● 職場復帰支援をスムーズに進めるためには、休業していた労働者とともに、その同僚や管理監督者に対する過度の負担がかからないように配慮する必要があること。
>
> 3．(5) 職場復帰後のフォローアップ〈第5ステップ〉
> 　キ　管理監督者、同僚等への配慮等〈筆者注：「キ」は項目番号〉
> 　　職場復帰する労働者への配慮や支援を行う管理監督者や同僚等に、過度の負担がかかることがないように配慮することが望ましい。

欠員となった不調者の損失がバランスシートに現れてくるのなら、経営者の目にもとまるでしょうし、上場企業なら株主総会の議事にも上るでしょう。しかしながら管理職や同僚たちがその損失の穴埋めを背負っていたとしても、可視化されず、残念ながら経営的に問題視されることはありません。

「メンヘル・ナビ」は、不調による損失を最小化する

メンタルヘルス不調による欠勤は、当初は有給休暇で処理され、続いて就業規則等で定められた休業・休職等として取り扱われることが多いでしょう。

しかし、この休業・休職に対する「穴埋め」の負担が周りの従業員にとって大きいと、同僚たちのモチベーションが低下して、売り上げまで減ってしまうことがあります。同僚が会社を辞めてしまうようなことがあれば、その間接的な影響のほうが、むしろ大きいかもしれません。

図表⑭　不調によって生じるさまざまな損失

不調者にかかる人件費	● 働くことができないので、直接的な労働損失を生じる
管理職や同僚が不調者の抜けた穴をカバーする間接的なコスト	● 欠員による直接的な影響 ● 同僚のモチベーションが下がることによる職場の生産性の低下
所属職場での事業への影響	● 売り上げの低下等、事業に影響する問題
人事担当者や人事部門としての事務コスト	● 担当者が時間や労力を削がれる、直接的ないし間接的な影響

　また、メンタルヘルス不調者の問題行動が元で顧客とトラブルになり、契約解除に見舞われることもあります。

　人事担当者の中には、医学的なこともよく分からないまま、主治医がどう言っているのかを聞くために、本人を説得してクリニックや病院に同行するなど、不調者対応を一手に引き受けている人も少なくありません。そうした負担は、人事担当者1人の問題にとどまらず、人事部門の仕事の優先順位を変えてしまう場合もあります（図表⑭）。

　「メンヘル・ナビ」ではこのような損失を看過せず、次のような点を重視するほか、ルールを適用し、集約された不調者情報をリスト化して月次で見直すことで、こうした損失の削減にも有効な運営を目指します。

- 休職と復職を繰り返すようなケースを減らす
- 復職の成功率を高める
- 休職の期間を短縮する

「メンヘル・ナビ」は不調者を排除するためのものではない

　ここで明記しておきたいのが、「メンヘル・ナビ」は不調者を一方的に排除するためのものではないということです。

　不調者の取り扱いを就業規則で定めておくことの目的は、不調者が復職しづらくする「改悪」でもなければ、辞めさせるためのものでもありません。

　世界的に見て、従業員の権利や雇用が確保されており、レイオフの難しい日本では、不調者を意識的に排除することはできません。無理やり不調者を辞めさせたりしたら、直接的なコストを軽減できたように見えても、管理職や人事担当者は"不当解雇"という大きな法的リスクを抱えることになってしまいます。現に厚生労働省は、ストレスチェック制度の義務化以降、チェックや定期健康診断で得られた情報を元に解雇や雇い止めをすることに対しては「不利益な取り扱い」として企業等に厳しく指導を行う方針を示しています。

　不調者が早めに療養し、復職する段階でほぼフルタイムで働くことができ、復職後の状態を安定させることを目指す「メンヘル・ナビ」では、不調者と職場側の双方の利害が一致していると考えます。不調者にとって雇用の安定と自信を回復させることができれば、不調の経過にもよい影響を与えるでしょう。職場としても、メンタルヘルス不調に伴うリスクと損失を最小にできる、望ましい状況だといえます。

　「メンヘル・ナビ」で目指すのは、復職の精度を上げて、リスクと損失を最小化することだけでなく、個別の不調者やすべての従業員にとって、公平さと分かりやすさを実現することでもあります。

　このように、「メンヘル・ナビ」の"レシピ"には、不調者の意図的な排除は含まれていません。

不調者自身の責任も明らかにする

　自宅療養に入った後になかなか復職に至らない場合や、復職後に症状が再燃して再休職に至るケースでは、次のように不調者自身の対応が不適切なのではないかと人事担当者や管理職が感じていることがあります。

◇通院がいい加減で、もらった薬をきちんと飲んでいない
◇昼夜逆転した生活リズムを漫然と続けている
◇主治医から止められているのに、お酒をたくさん飲んでいる
◇診断書の期限が切れているのに、一向に連絡してこない
◇連絡のために電話をしても出てこなければ、メール等にも返信してくれない

　会社が病気休業や休職を認めるのは、不調者自身が療養に専念し、真面目に回復を目指すことが前提です。ここに挙げたような行動や様子を知ったら、"回復しないのは自己責任ではないのか"と言いたくなる人もいるでしょう。

　前掲の「職場復帰支援の手引き」で書かれているのは、会社側に課せられる措置のみであり、不調者のこれらの状況は不適切だから是正すべきだという記載はありません。職場の健康管理を定めた労働安全衛生法でも、事業者の行うべきことだけを定めています。

　しかしながら、療養中や復職後の生活習慣は不調の経過を左右する重要なファクターであり、例えば、次のようなことが分かっています。

① 飲酒（アルコール）は症状を悪化させ、治療薬の効果を半減させる
② 運動は、症状が安定した後には改善効果があり、再燃や再発の防止効果もある
③ 毎日同じリズムで起床し就寝する睡眠習慣は、症状の安定や改善に役立つ

図表⑮　不調者個人が行うべき対処

①薬は処方されたとおり服用し、その結果を毎回受診時に主治医に報告し、共に考えながら、内容を調整していく

②休業・休職中いずれにおいても、療養の期間とめどを主治医と相談・確認しながら、診断書の提出等の手続きを踏んでいく

③復職のめどをつけたら、働いている状態に合わせて、睡眠時間を含めて生活リズムを調整していく

④症状が改善したら、上司である管理職や人事担当者に必要な連絡を行い、復職の手続きを踏んでいく

　不調者本人がこれらのことを知っていれば、そして、しっかりと回復して職場復帰を果たしたいと考えるならば、きちんとした生活習慣を守り、通院や服薬を続ける可能性が高いのではないでしょうか（図表⑮）。
　「メンヘル・ナビ」ではこのような不調者個人が行うべきことを明らかにして、それを職場側から求めていきます。また、休業・休職から復職にかけて、不調者本人が行うべき対処や手順、手続きを明らかにして、関係者で共有します（図表⑯）。
　その結果、メンタルヘルス不調者が適切に行動できるようになるほか、回復にも役立ち、職場側としても不調に絡むリスクと損失を最小化することができるのです。

図表⑯　不調者個人が行う手順や手続き

```
┌─────────────────────────────────────────────┐
│　診断書が期限切れにならないよう、           │
│　主治医に依頼して発行してもらい、会社側に提出する │
└─────────────────────────────────────────────┘
                    ▽
┌─────────────────────────────────────────────┐
│　症状が改善してきたら、定期的にその状態を、 │
│　人事担当者や上司である管理職に報告する     │
└─────────────────────────────────────────────┘
                    ▽
┌─────────────────────────────────────────────┐
│　復職を希望するくらい病状が回復したら、日々の症状や生活リズムのほか、│
│　復職後を想定した行動がきちんと毎日できているかを記録する │
└─────────────────────────────────────────────┘
                    ▽
┌─────────────────────────────────────────────┐
│　復職が可能なレベルになったら、             │
│　その旨を記した診断書を主治医に発行してもらう │
└─────────────────────────────────────────────┘
                    ▽
┌─────────────────────────────────────────────┐
│　復職を希望する場合には、                   │
│　診断書と毎日の記録を復職願とともに提出する │
└─────────────────────────────────────────────┘
```

「メンヘル・ナビ」は家族との連携も重視する

　産業医やコンサルタントとして、企業等の人事担当者や経営層、あるいは管理職からメンタルヘルス不調に関する相談を多数受けてきた経験では、「不調者の家族」との連携を強化したほうがよいと思うケースがしばしばあります。

　ここでいう「連携」という言葉は印象がよく、職場のメンタルヘルス対策でも多用されますが、その意味は次の二つです。

> ① 関係者間で共通の情報を持つこと
> ② 関係者間で共通の目標を持つこと

人事担当者や上司である管理職あるいは産業医等の専門家が共通の情報と目標を持つことで、リスクや損失を最小化できます。しかしながらこのとき、家族との連携はしばしば見逃されています。
　メンタルヘルス不調者にとって、療養しながら回復を目指し、それを維持するためには、家族の支援が欠かせません。不調者本人にとって最大の利害関係者である家族と良好な関係を保つことは、企業にとってリスクや損失を少なくするのに大切です。
　一人暮らしをしているメンタルヘルス不調者がいたら、実家に戻るか、家族に一緒に暮らしてもらうよう相談してみましょう。一人ではクリニック等への受診がしづらく、それが続かず、服薬もままならないこともあります。家族の助けがあれば安定して療養できるだけでなく、治療も確実になります。
　不調者本人からは家族に説明しにくいところがありますので、それを職場側で代わりに話してあげて理解を求めることで、家族による支援を確実なものにしていきましょう。
　過重労働やパワハラによる問題がマスメディアを通じて報道されることの多い昨今では、不調者の家族が、その不調の原因に対してあらぬ疑念を持つこともあるでしょう。それを払拭するためにも、職場側が情報をきちんと家族に開示し、協力して回復を目指す意思表示をすれば、家族の信頼を得られやすいのです。リスクと損失を最小にでき、結果として回復も早まって、不調者本人と家族、そして職場の双方にとってよりよい結果を導くことができます。

1章

「メンヘル・ナビ」の第1ステップ
～不調者への対応ルールの策定～

「メンヘル・ナビ」の四つのステップ

- ❶ 不調者への対応ルールの策定
- ❷ 産業医等の専門家との連携
- ❸ 管理職への周知
- ❹ 不調者への対応ルールの適用・運営

社内文書の4ステップ
1. 就業規則
2. 社内規程
3. 方針
4. 各種様式類

❶ 不調者への対応ルールの策定

　いよいよ「メンヘル・ナビ」の第1ステップとして、メンタルヘルス不調への対応ルールを策定・文書化する作業を説明します。

1. まず、基本となる就業規則の条文例とそのポイントを示します。
2. 次に、不調者への対応の流れを確認の上、その詳細を定める社内規程の作成の仕方を解説します。
3. その後に、将来にわたって重要な、不調者への対応を含むメンタルヘルス対策の方針の策定と公表のコツを紹介します。
4. 最後に、実際の対応をスムーズに進めるために、産業医等の専門家が使う様式類を例として示します。

　この章の作業は、28ページの図表⑧「メンヘル・ナビ」の作り方・進め方で示したように、レールを作るのと同じと考えるとよいと思います。

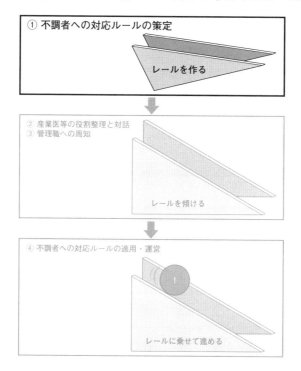

本来は、これらの内容の背景や理屈を理解できる専門的な知識があったほうがよいのですが、ここでは省略します。

この"レシピ"どおり進めれば、基本的には通常の人事部門におけるルーチンと違いがないというスタンスで作業を進めてください。

対応の「流れ」を確認する

「流れ」とは、メンタルヘルス不調に陥った人が休業・休職を経て回復し、職場復帰を果たして、その後、安定して就労できるようになるという、その経過に即した職場対応のステップを意味するものです。

厚生労働省による「職場復帰支援の手引き」でも、この「流れ」を意識することが強調されており、図表1-1のとおり五つのステップで表現しています。

図表1-1　職場復帰支援の流れ

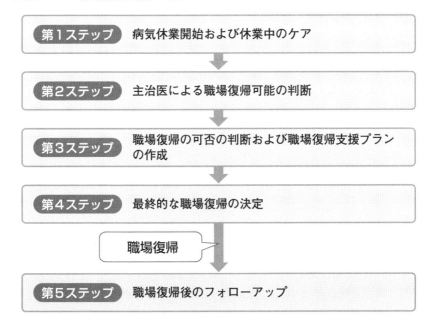

❶ 不調者への対応ルールの策定

　個々の不調者の経過では、回復途中や復職後にメンタルヘルス不調が再び悪化・再発して、この「流れ」に逆行することもありますが、「メンヘル・ナビ」に従って就業規則や社内規程に対応ルールを記述する際にも、この「流れ」に沿って進めていくことを念頭に置いてください。

1 就業規則

1 就業規則の条文をチェックする

　「メンヘル・ナビ」の"レシピ"では、就業規則に次のポイントが記されているかの確認を行います。ここに示すポイントが就業規則に記載されていないと、対応ルールが不完全になることから、まずはチェックしてみてください。

【就業規則に記されているか、確認すべきポイント】

- ☐ 病気による年休取得や欠勤が連続あるいは頻発した場合には、従業員が診断書を提出すること
- ☐ 一定の日数の欠勤・休業があれば、人事部門から休職を命じられること
- ☐ 復職を希望する従業員は、主治医以外に産業医等会社の定める医師の面接・評価を受けること
- ☐ 休職期間満了日が近い場合も含めて、従業員が復職を希望するときには、定められた手順や手続きを経ること
- ☐ テスト勤務としての試し出勤制度や、復職の可否を判断する合議体としての復職判定委員会に関する定めがあること
- ☐ 病気による休職期間の加算や、リセットに関する期間（いわゆるクーリング期間）の条件があること

これらに類似した条文が就業規則にあっても、内容が本当に適切なのかを吟味したほうがよいと思います。適切でない例とその問題点を挙げると、図表1-2のとおりです。

　このほかにも、就業規則に復職手続きの根拠となる条文がないために、診断書の病名が変更されるたびに休職期間がリセットされるといった状況が続くケースがあります。

　また、図表1-2の②に似たものとして、クーリング期間の定めがないために、1日でも出勤するだけで休職期間がリセットされてしまうケースもあります。病気による休業と休職の区別が就業規則にないケースでは、不安定な勤務であっても休職として取り扱うことができないため、何年も働くことができなくても退職に至らない状況が続いてしまいます。

　就業規則の条文を確認する際には、過去の不調者への対応で苦労した経験がなかったかを思い出しながら見直してみると、不足している点や不適切な記述を把握することができます。

図表1-2　就業規則の条文が不調者への対応に適切でないケース

①病気による欠勤が30日間連続した場合には診断書を提出する等	【問題点】 ●診断書提出までの欠勤期間が長すぎる 【困った事例】 ●欠勤が3週間も続いていても、理由を問いただすことができない ●断続的な欠勤が続いても、診断書の提出を求められない ●週1日だけ来れば、長期間にわたり欠勤を続けられる
②クーリング期間（＝復職後の勤務期間）が1カ月を超えれば、休職期間がリセットされる等	【問題点】 ●クーリング期間が短すぎる 【困った事例】 ●1カ月だけ出勤しては再休職に入ることが繰り返される ●再発や再燃の恐れがあっても、雇用を維持する目的だけの出勤を止められない ●病気休職の満了期限が事実上なくなる

❶ 不調者への対応ルールの策定

2 就業規則に対応ルールを定めるメリット

　就業規則の条文をチェックして、不十分な点が明らかになったら、適切な内容に変更したり、不足している条文を追加しましょう。

　就業規則には、従業員がメンタルヘルス不調を疑われる状態になった場合や休職に入る際のほか、復職時に行う手続きを定めておくことができます。

　メンタルヘルス不調者が従うべきルールの根拠を就業規則に明示することには、図表1-3のようにさまざまなメリットがあります。

図表1-3　就業規則に対応ルールを定めるメリット

① 欠勤が続いた場合等に、診断書を提出するよう求めることができる

② 復職したい従業員がいつ、何を、どのように行う必要があるのかが分かる
- 不調者がいきなり復職を希望して、出社してくることがなくなる
- 不調者が休職満了期限を迎える前に、手順や手続きについて公平な説明や対応ができる

③ 復職を希望する従業員が就労に耐えられるのかを、根拠に基づいて決定できる
- 産業医による評価や意見
- 試し出勤制度の活用
- 復職判定委員会の活用

④ 復職を許可するという判断を会社の主体的なものにできる
- 何年も復職と休職を繰り返すケースを減らすことができる
- 主治医の意見だけに振り回されない

⑤ その他
- 昇進や昇格、責任の増大で不調になった場合に、降格措置も選択肢にできる
- 管理職や従業員に対する人事部門としての意向の周知徹底や意識付けに役立つ

このように就業規則の条文を見直すことで、不調者にかかわる実務上の問題を解消できるほか、就業規則を改定する一連の手続きを経ることで、管理職や従業員へのルールの周知徹底と順守の意識付けにも役立ちます。

3 就業規則の条文例

就業規則を改定する際の条文例を、解説やメリットとともに以下に示します。なお、あくまでも例であり、筆者は法律の専門家でもないので、これらの例を参照して就業規則の改定に臨む場合には、顧問契約を結んでいる弁護士や社会保険労務士による確認を必ず行ってください。

欠勤のための診断書の提出

例

従業員が連続5労働日（あるいは1週間）以上、病気により欠勤する場合には、その理由を記した主治医による診断書を提出しなければならない。

解説

体調不良で休みが続いた場合の診断書の提出を従業員に義務付けておくと、不調者に現れる「事例性」に、早めに対応できるようになりますし、従業員に休む理由を説明する義務を負ってもらうことにもなります。その結果、「疾病性」も評価しやすくなります。

この条文を管理職に周知すれば、人事担当者と連携して、部下の勤怠の悪化や仕事への支障が出た場合に行動する動機付けができます。

❶ 不調者への対応ルールの策定

休職の条件

> **例**
>
> 業務外の傷病による欠勤が続き、それが連続・断続を問わずに30日を超えた場合、あるいは通常の労務が提供できず、傷病から回復に一定期間を要すると会社が判断した場合には、休職を命じることがある。

> **解説**
>
> 欠勤（＝休業）から休職に入る時期を明示することで、不調の疑いのある従業員に対して曖昧な取り扱いをしたり働くことができない状態を放置することがなくなります。休職の定義を定めることで、療養に入る場合の流れが整理しやすくなります。このとき、休職入りしてはじめて休職期間の算定が可能になることを忘れないでください。
>
> ここでは積算で30日という期限を設けていますが、一定期間、例えば「1カ月間で○％未満の出勤」といった頻度で区切ることもできます。

休職期間に関する定め

> **例**
>
> 病気による休職期間は、以下のように定める。ただし、これらの病気による休職期間が満了した場合には退職とする。
> - 勤続3年未満の場合には最大6カ月
> - 勤続3年以上5年未満の場合には最大1年
> - 勤続5年以上の場合には最大1年6カ月

> **解説**
>
> 休職の定義とともに休職できる期間を明らかにしておくことは大事です。休職の理由は、メンタルヘルス不調のような病気によるものだけではありませんが、ここでは病気による休職期間のみを挙げてみました。

厚生労働省による「職場復帰支援の手引き」において、就業規則におけるルール化の重要性を強調していますが、この休職期間等に関する点を就業規則で定めておくことを次のように勧めています。

> 「職場復帰支援の手引き」における就業規則の記述
> 「3　職場復帰支援の各ステップ」より抜粋
> （1）病気休業開始及び休業中のケア〈第1ステップ〉
> 　エ　その他
> 　　以下の場合については、労働基準法や労働契約法等の関係法令上の制約に留意の上、労使の十分な協議によって決定するとともに、あらかじめ就業規則等に定め周知しておくことが望ましい。
> ● 私傷病による休業の最長（保障）期間、クーリング期間……等を定める場合
> ● 休業期間の最長（保障）期間満了後に雇用契約の解除を行う場合
> 　　　　　　　　　　　　　　　　　　　　※下線は筆者による。

これは、メンタルヘルス対策として法令に準じた対応であるとも言えます。

病気休職からの復職

例

　病気休職から復職を希望する従業員は、十分な回復を自覚してから、復職を希望する日の2週間前までに、または、別途定める休職満了期限の4週間前までに、所定の復職願、十分な回復により復職可能との主治医の判断を記載した診断書、療養中の復職準備の状態を記録した所定の様式を人事部に提出する。

解説

　スムーズな復職に必要なポイントは、次の六つです。
① **不調者の自覚的な回復**

❶ 不調者への対応ルールの策定

② 不調者による復職願の提出
③ 不調者が回復しているとする（他覚的な）主治医の診断書
④ 不調者が回復しているという補助的な情報
⑤ 不調者が就労に耐え得るか否かを確認する職場側による手続き
⑥ 上記⑤のための一定の時間的余裕

　復職の手続きは、①が最低条件ですが、②の復職願の提出が意思表示に当たり、それを裏付けるのが③の診断書と④を示す記録です。
　「メンヘル・ナビ」で重要視するのが⑤の手順や手続きであり、⑤を適切に完了するために⑥のように十分な時間が必要になります。
　この⑤の部分をカバーするのが、次の条文例です。

会社側による病状や回復の確認

例

　会社が必要と判断した場合には、会社の指定する産業医等の医師による診察や法定外の健康診断を従業員に命じることができる。

解説

　この例では、診察や法定外の健康診断という表現を用いていますが、いずれも産業医等の医師による不調者ないし不調の疑われる従業員への医学的評価を意味しています。
　会社側として不調者の病状を確認したいのは、次のケースです。
① 欠勤や遅刻が目立ち、パフォーマンスが低下した場合
② 復職願が提出された場合
③ 復職後に再び欠勤や遅刻、仕事への支障が生じた場合

　①は、事例性から早期発見に結び付ける際に、産業医等の専門家に専門医への紹介や情報交換をしてもらいたいとき、②は、復職に問題ないレベルに回復しているのかを会社側が確認したいとき、③は、産業医等による復職後の経過観察中に再発・再燃の恐れがあるときです。

この条文があれば、産業医等に対して、会社側から直接、回復状況の確認を依頼できます。医師以外の専門家であれば、この条文の意図に沿って、主治医等との対話を試みてもらうこともできるでしょう。
　なお、診察や法定外の健康診断を産業医等の医師に行ってもらった後には、所定の様式に意見を記載し、提出してもらうことになります。

復職の判断や通知を会社が行う手続き

例1　〜復職判断の主体が企業等の側にあることを明示する〜
　会社は該当する従業員に対する復職後の健康配慮のために、主治医の診断書や会社の指定する産業医等の医師による意見に基づき、復職の可否や期日、業務内容を総合的に判断して、従業員に書面で通知する。

例2　〜試し出勤制度の根拠〜
　休職後の復職の可否等の判断のために、会社は従業員に試し出勤を命じることがある。試し出勤の詳細は、別途定める。

例3　〜合議体としての復職判定委員会の根拠〜
　休職後の復職の可否等の判断のために、会社は関係者による復職判定委員会を開くことがある。復職判定委員会の詳細は、別途定める。

解説
　これらの定めによって、復職の流れに沿った会社側の主体的な意思決定が可能になります。例えば、産業医等からも意見書を提出してもらえれば、主治医による診断書の内容と一緒に検討できます。また、復職の可否を見極めるために、テスト勤務としての試し出勤を実施できます。詳細は後述しますが、この試し出勤の要否に加えて復職の可否、さらに

> ❶ 不調者への対応ルールの策定

残業や出張の制限等の詳細を関係者が復職判定委員会で話し合い、決めることができます。

こうした手順や手続きによって、不調者の焦りや個人的な希望をベースとした、不確かな回復状態での早すぎる復職を防止できます。このメリットは、不調者本人と会社側の双方にとって大きなものです。

なお、例にある「別途定める」という表現が意味するのは、後で説明する社内規程です。退職金に関する条文を就業規則の中に設けて、その詳細は別に「退職金規程」のような社内規程に定めているのと同様です。文例に示した「別途定める」という表現と、規程で詳細を説明するこのやり方をお勧めします。

クーリング期間に関する定め

例

　復職後、作業等の制限なく勤務する期間が1年を超えず、同一種類の病気で再休職になった場合には、すでに休職した期間に新たな休職期間を加算する。同一種類の病気についての解釈は別途定める。

解説

「作業等の制限なく勤務する期間」という表現で、復職期間のリセットの要件、つまりクーリング期間を表しています。厚生労働省の「職場復帰支援の手引き」では、クーリング期間を「休業の最長（保障）期間を定めている場合で、一旦職場復帰してから再び同一理由で休業するときに、休業期間に前回の休業期間を算入しないために必要な、職場復帰から新たな休業までの期間」と説明し、就業規則等に定めておくことを推奨しています。

「1年を超えず」と定めることで、復職と休職の繰り返しを防止する効果があります。つまり、有給休暇を除き1年間は休まないという前提

をクリアしなければ、これまでの休職期間はリセットされないとすることで、不十分な回復状態での復職を防ぐことができます。

クーリング期間はどれくらいの長さがよいかというのは、しばしば議論になるところです。メンタルヘルス不調の中で典型的なうつ病は、復職後の期間が長いほど再発率が高まりますが、筆者は経験的に「1年」を勧めています。

これを仮に1カ月や3カ月とすると、休職期間のリセットだけを目指して不調を押して出勤する人が出てきたりしますが、無理な出勤は本人のためにもなりません。

このようなことから、合理的かつ現実的な線として、「1年」という期間を設けることを勧めています。もしも1年以内に再発し、これを超えられない場合には、不十分な回復だったと解釈することになります。

クーリング期間を新たに設けたり、その期間の延長を労働組合や従業員代表と協議する際には、不利益な変更ではないかと反対されることがありますが、譲歩しても、無理な出勤を防ぐために最低6カ月の期間はあったほうがよいと筆者は考えています。

なお、条文中の「同一種類の病気」とは、メンタルヘルス不調をめぐる診断書の病名を微妙に変えて、違う病気や症状だと主張する人に対処する意味があります。また、「解釈は別途定める」とした「同一種類の病気」の定義は、「メンタルヘルス不調のような同一系統の病気の中で、同様の症状を繰り返すもの」として、産業医等が確認を行う手順を定めておくのがよいと思います。

職務・処遇の変更に関する定め

> **例**
>
> 病気による休職を経て復職する際、従業員の事情を考慮し、職務や担当を変更することがある。その場合、職務、勤務時間、担当によって、給与等を変更することがある。

❶ 不調者への対応ルールの策定

解説

　ここで理解していただきたいのは、不調の再燃や再発の防止と雇用維持を両立したい場合、いったんは降格の措置が取れたほうが職場側と不調者の双方にメリットがあるケースが少なくないという事実です。昇格・昇進する前の仕事内容であれば、ある程度の力が発揮でき、なおかつ不調者本人が無理なく働くことを望み、職場側もそれが許容できるのであれば、降格も前向きな措置として捉えることができるでしょう。

　その後、病状が安定し、業績もあげられるのであれば、再度、昇格・昇進してもよいわけです。

　厚生労働省による「職場復帰支援の手引き」でも、この降格措置に関して就業規則に定めておくことを勧めています。

「職場復帰支援の手引き」における就業規則の記述
「3　職場復帰支援の各ステップ」より抜粋
（4）最終的な職場復帰の決定〈第4ステップ〉
　　エ　……なお、職場復帰に当たり人事労務管理上の配慮を行う上で処遇の変更を行う場合は、処遇の変更及び変更後の処遇の内容について、あらかじめ就業規則に定める等ルール化しておくとともに、実際の変更は、合理的な範囲とすること、また、本人にその必要性について十分な説明を行うことがトラブルの防止につながる。

　「職場復帰支援の手引き」は法的な罰則を伴わない、いわばガイドラインですが、最近の民事訴訟では、罰則を伴わない通達や指針内容の実施の有無を問われるケースもあるようです。そのため、復職の手続きや手順のうち、特に必要な事項について就業規則に定めておくことは、後のトラブルを防止するのに役立ちます。

試し出勤の取り扱い

> **例**
>
> 試し出勤は復職後に実施するものとし、これを仮復職と定める。試し出勤の結果、復職と就労の維持が困難だと判断された場合には再度、休職とする。試し出勤の結果が良好であれば、正式な復職を認めることとする。なお、試し出勤中の給与は、別途定めるとおり調整を行う。

解説

　試し出勤を、休職が継続した状態で行うことは、労働災害や通勤災害との関係で問題となることがあるので、あまりお勧めできません。この点は厚生労働省が「職場復帰支援の手引き」を2012年7月に改定した際にも「(試し出勤)制度の導入に当たっては、この間の処遇や災害が発生した場合の対応、人事労務管理上の位置づけ等について、あらかじめ労使間で十分に検討しておくとともに、一定のルールを定めておく必要がある。なお、作業について使用者が指示を与えたり、作業内容が業務(職務)に当たる場合などには、労働基準法等が適用される場合がある〈筆者注：災害が発生した場合は労災保険給付が支給されることもある〉ことや賃金等について合理的な処遇を行うべきことに留意する必要がある」と強調しています。

　一方で、実際には休職を継続したままで、本人の同意をとり、損害保険会社が提供する保険を掛けることでこの問題を処理しようとする会社も少なくないようです。

　「メンヘル・ナビ」では試し出勤を復職後に行うものとして、試し出勤期間中に再度休職となった場合にはクーリング期間をクリアしていないものと考え、自動的に休職が継続(加算)するルールにしています。

　試し出勤が成功すれば、正式な復職としますが、もしもうまくいかずに再休職になっても、上記のように定めておくことでリハビリ的なもの

❶ 不調者への対応ルールの策定

だとの誤解を払拭できることから、逆戻りというイメージにはそれほどならずに済みます。こうした理由から、「メンヘル・ナビ」では「リハビリとしての勤務」をお勧めしません。

試し出勤は復職後のものと定め、その勤務時間が通常より短い場合には、給与は全額でなく、勤務時間に応じた支払いとするように定めることもできます。その点でも、「仮復職」という名称が妥当ではないかと思います。

傷病手当金に加えて会社が独自に設けた傷病欠勤に対する手当がある場合、その合計額が試し出勤中の給与を上回るケースでは、試し出勤中も休職のままがよいという声が、不調者側からあがることがあります。

しかしながら、最終ゴールは復職し、就労を安定させることですから、個人の希望はともかく短時間勤務であればそれに相当する給与とするほうが、結果的に他の同僚との公平性や正当性を確保でき、全体としてよりよい結果をもたらすと考えます。

4 就業規則を改定する際の注意点

以上の点を踏まえ、顧問弁護士や社会保険労務士に相談しながら、必要に応じて現行の就業規則を修正し、あるいは条文を追加していくことになります。

このとき、不調者の排除のためではないのかとか、復職の基準が厳しくなるので就業規則の不利益変更ではないのかという疑問が従業員側から出されることがあります。しかしながら、「メンヘル・ナビ」は復職の基準を明確にして、試し出勤等によって復職の可否を"見える化"し、復職後の状態を安定させることを目指しています。就業規則等の改定に当たって質問を受けた場合には、人事部門として次のように説明するとよいでしょう。

【従業員側からの疑問に対する就業規則の改定理由】

Q 従来は休んでも診断書を提出する必要がなかったのに、今後はなぜ提出しなければならなくなったのか？

A 今回の改定は、万一メンタルヘルス不調を従業員が申告した場合に必要な療養に入りやすくなるよう、その手続きを公平で分かりやすいものに変えていくためのものです。労働安全衛生法や労働契約法には、業務を通して健康を悪化させることのないよう配慮すべき会社側の義務が定められています。今回の改定は、今までにも増してその趣旨を徹底しようとする会社の方針に基づくものです。

メンタルヘルス不調の場合には遅刻や欠勤を繰り返すことがある一方、その原因や状況に本人が気付かないこともあると考えられています。従業員の病状をさらに悪化させないためにも、診断書を求めることによって受診を促し、会社として配慮すべき不調の有無を確認するために、診断書の提出を求めることにしました。

もちろん、提出された診断書には病名等の機微な情報が含まれていますので、産業医等の専門家と連携し、適切に保管するとともに、その利用は従業員への健康配慮のみに限定するものとします。

Q なぜ、メンタルヘルス不調からの復職に当たり、あらためて主治医の診断書を提出したり、産業医の意見をもらったりする必要があるのか？

A 今回の改定は、労働安全衛生法や労働契約法に定められている、会社側の配慮すべき義務を徹底し、復職の手順を公平で分かりやすいものにするためのものです。こうした対応を制度化することが、厚生労働省のガイドライン（「職場復帰支援の手引き」）でも明示されています。

就業を焦るあまり、不十分な体調のまま復職することは、メンタルヘ

❶ 不調者への対応ルールの策定

ルス不調を抱えた従業員のためになりません。したがって、休職から復職を希望する場合には、就労に差し支えない体調であるか、就労によって悪化しないか、適正な治療を受けているかを含め、主治医の判断について、健康管理を担う産業医と一緒に確認する必要があるのです。

メンタルヘルス不調の場合、復職の手順に沿ってきちんと管理すれば、病状の回復と就労能力の改善が最良の状態となり、復職の成功率も向上させることが可能となります。そのためにも不調の状態が評価できるよう、産業医等の専門家の意見を確認することにしました。

就業規則においてこれらを改定し、従業員に周知するのは、公平な対応を保障するためです。病気休職から復職する際の基準や手順が定められていると理解いただければ、不調者だけでなく、健常な従業員の安心感も高まるだろうと考えています。

Q なぜ、復職の前に試し出勤や復職判定委員会を行わなければならないのか？

A メンタルヘルス不調は慢性的に経過しやすく、不十分な回復の状況のまま復職すると、病状の悪化（専門的には再燃、再発と呼びます）を起こしやすくなります。もしも再燃や再発が起きると、さらに将来の健康も損なうことにつながります。そのような悪い事態を防止するため、主治医による診断書の提出を求め、産業医等の専門家の意見を確認することにしました。

また、実際の職場で一定期間、就労してみる試し出勤の措置を取ることによって、復職後の病状悪化の恐れがないかを慎重に判断することにしました。厚生労働省のガイドライン（「職場復帰支援の手引き」）でも、この試し出勤の制度は、早期の復帰、不安の緩和、復帰の準備が可能となり、より高い職場復帰率が期待できるとされている方法です。

復職の可否判断については、特定の担当者のみが行うのではなく、上司、人事部責任者、担当者、産業医等の専門家によって組織的に検討す

ることを考えて、復職判定委員会を設けることにしました。この復職判定委員会の設置も、厚生労働省の上記ガイドラインに従ったものです。

5　すでに不調になっている人への対応

　「メンヘル・ナビ」を導入する場合、メンタルヘルス不調者の中には、その趣旨をよく理解せず、主観的な印象だけで自分にとって不利益になると思い込む人がいます。

　そのような人には、会社としてメンタルヘルス不調者の問題に真摯に取り組む姿勢を示すとともに、不調者の不利益とは決してならず、不安を感じる必要がないことをきちんと伝えてあげればよいのではないでしょうか。

　近年、企業等と労働組合との間で、メンタルヘルス不調やその対策が議論されることが増えてきました。不調者の取り扱いを整理・公表し、従業員への不利益な取り扱いにつながるのではないかという不安に応えるのは、企業等としてのメンタルヘルス対策への姿勢を示すよい機会になるものと考えられます。

　すでに休職中や復職直後の人、症状が再燃・再発している人には、改定した就業規則のルールはクーリング期間を含めリセットして適用していくことにすれば、穏便に「メンヘル・ナビ」の運営を開始できるでしょう。

　新しい就業規則を適用すると、すでにその時点で退職に相当してしまう人がいることもあります。その人に新しいルールを振りかざして退職を迫ったりすると、不調者を排除するために就業規則を改定したととられ、「メンヘル・ナビ」を導入する意味がなくなってしまいます。就業規則を改定し、対応ルールを適用し始める段階では、すべての対象者を公平に扱うところからスタートすることが大切です。

❶ 不調者への対応ルールの策定

2 社内規程

就業規則の改定を通じて、「メンヘル・ナビ」の根拠となる条文を整備することができたら、より詳細な社内規程を策定していくことになります。

1 社内規程を策定する際に想定する詳細な流れ

就業規則で定める条文は「メンヘル・ナビ」の基礎になりますが、対応ルールのすべてを就業規則に記述することは現実的ではありません。そこで、詳細な手続きは社内規程で定めることになります。

「メンヘル・ナビ」の"レシピ"では、社内規程を策定していく際の注意点として、

A 流れを重視する
B 自宅療養の質を重視する
C 復職に際し、就労の可否を確認する

の3点を重視します。

厚生労働省による「職場復帰支援の手引き」では、対応の流れを五つのステップで表現していますが、「メンヘル・ナビ」の社内規程では、さらに具体的な流れを想定します。

「メンヘル・ナビ」で意識する対応の具体的な流れ

1. 徐々に症状が出る。不調になる
   - 職場での問題が起きる（事例性の出現）
2. 上司か人事部門が産業医等との面接を勧める
3. 産業医等との面接を受ける
   - 産業医等の健康相談を受ける
   - 産業医等による定期健康診断後の保健指導を受ける
   - ストレスチェック後の医師の面接指導を受ける

- 長時間労働後の医師の面接指導を受ける
4．会社からの働き掛けで、医療機関（精神科）にかかる
5．専門医による診断を受け、治療が開始される
   - 診断書を提出する（※）
   - 産業医等との面接が行われることがある
6．休業・休職の手続きを行う
7．療養を始める（数カ月から半年を目安とする）
   - 療養に専念し、回復してくる
8．復職したいという希望を持つ
   - 主治医に相談する（復職可能の診断書を書いてもらう）
   - 療養の記録をつける
9．会社に復職を申請する
   - 復職願と診断書と療養の記録を提出する
10．会社から復職の可否の検討を受ける
   - 産業医の面接を受ける
   - 試し出勤を行う
   - 復職判定委員会を行う
11．復職する
12．復職後しばらくフォローアップを受ける
   - 治療を継続するために通院する
13．病状と就労能力が安定し、フォローアップを終了する
   - 通院は継続されることがある

　この具体的な流れは、不調の経過の時間軸に沿って、社内規程で誰が何をするのかを明確にするために非常に重要です。

　注意するべき点は、不調の把握には　　　　で囲んだ六つのパターンがあることです。このうち管理職に徹底したいのは、勤怠の乱れや仕事への支障から、部下の不調による事例性に気付くことです。それ以外にも、産業医等の専門家が健康相談や定期健康診断後の保健指導をする際に、あるいはストレスチェック後や長時間労働後の医師の面接指導を通じて不調者を把握するケースもあり得ます。少数派にはなりますが、※印で

❶不調者への対応ルールの策定

図表1-4　不調者が把握される機会のまとめ

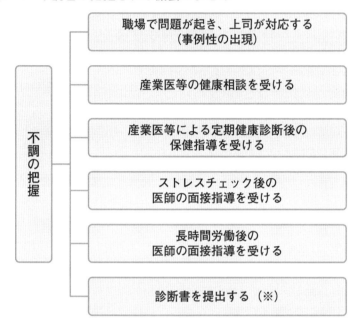

示した段階から、自ら精神科のクリニック等を受診し、不調の申告と診断書が提出されることから流れがスタートすることもあります（前ページならびに図表1-4）。

2　自宅療養を効果的にする

　ほとんどのケースが、休業から休職の手続きを行いつつ、一定期間の自宅療養に至ります。

　不調者への支援を多数手掛けてきた経験から言えることは、一口に自宅療養といっても、その差が大きい点です。次のようなケースで、自宅療養が無効になってしまうことがあります。

悪い自宅療養の例

① 生活リズムがいい加減で昼夜逆転している
② インターネットの閲覧等で、端末や画面を見る時間が長すぎる
③ 通院や服薬ができていない
④ 飲酒が習慣化している
⑤ 栄養管理や睡眠環境が保てていない

　自宅療養は好きに過ごしてよい休暇ではなく、通常勤務ができるように回復を目指す特別な期間です。この点を、不調者と家族は正しく理解しなければなりません。

　もちろん、落ち込みがひどく、不眠が深刻で食欲も出ないような状態では、食事や入浴以外はベッドで横になったまま過ごすしかないこともあり得ます。そうした段階では十分に休み、症状の回復を待つことになります。

　しかし、症状が回復してもなお、昼夜逆転したリズムでインターネットばかり見ているようでは、就労するのに必要な気力と体力を回復させるという療養の意味がなくなってしまいます。就労を前提とするなら、夜型ではなく、朝型のリズムを維持しなければなりません。

　通院もせず、主治医から処方された薬を飲まない人もいます。副作用があることをその理由にする場合もありますが、そうであるなら、主治医に相談すべきです。

　しばしば問題となるのが、飲酒（アルコール）です。翌日の勤務を気にしないとばかりに、毎日、相当量の飲酒をする人もいます。

　アルコール摂取は精神科で処方される薬の効果に影響するだけでなく、精神的・身体的な依存を進めます。精神科で治療を受けている病気とともに、アルコール依存症になってしまう人もいます。これでは復職の見込みがなくなってしまいます。

　不調からの回復には、十分な栄養と良質な睡眠が欠かせません。ある

❶ 不調者への対応ルールの策定

程度の自覚的な回復が得られたら、ウォーキング等の運動を始めることも必要です。適度な運動は回復を促しますし、デスクワーク中心であっても、毎日自宅でのんびりしているだけでは、通勤や業務についていけない体力になってしまいます。

これらは自己責任として、本人に確実な管理と対応を求めることができますが、こうした習慣や日ごろの暮らし方が不調の背景にあることがあり、正論だけでは解消し難い面があることも理解しておきましょう。

3 療養の記録を付けてもらう

このような生活習慣や付随する問題を防止するためにも、家族と連携を取る必要があるのです。また、メンタルヘルス不調の人が病気回復を目指して良好な療養生活を過ごすことができているのかをチェックするために、本人に療養の記録を付けてもらうことも必要です。

この療養の記録は、落ち込みや不眠、食欲不振がひどい段階で付けるものではなく、回復が自覚でき、復職が視野に入ったと本人が感じるようになってから、4週間ほど付けてもらいます。

療養中の記録内容から確認するポイントは、次のとおりです。

> ① 自覚的な体調
> ② 起床、就寝、食事といった生活リズム
> ③ 通院や服薬
> ④ リハビリとして計画した内容の実行
>   ● 読書や運動、図書館に行く、パソコンで調べ物をする等

自覚的な「体調」は、復職の際には万全と感じられるレベルでなければなりません。前よりもよいというような相対的な印象ではなく、よい・普通・悪いの三つ程度のレベルから、自己評価をしてもらいます。

通勤時間帯に間に合うように起床し、夜は疲労回復のために決まった

時間によく眠ることができることと、三度の食事をきちんと取ることは、就労に必要な基本的な生活習慣です。これらができていないならば、就労できるほどには回復していない証拠です。

「自宅療養で回復したこと」と「職場で働けること」は、イコールとは限りません。きちんと働けるように練習しておく必要があります。それが、計画と実行です。元気に働いているときには意識しないことですが、働くことは、職場で要求された作業をこなすこと、つまり計画された事柄を実行していくことです。

本来の労働とは言えませんが、主治医と相談しながら、仕事に類似した作業として、読書をしたり、図書館に行って調べ物をすることができます。体力の回復を兼ねて運動するといったリハビリを、復職を意識する時期から毎日やっておかなければなりません。そうしなければ、復職の時点がリハビリの開始となってしまいます。

これらを4週間程度続けてもほぼ大丈夫だという状態になって初めて、復職にふさわしいと言えるのです。ちなみに、自覚的に回復したと不調者が申告するタイミングと医師が診察で回復したと確認できる時期には、1カ月程度のタイムラグがあると指摘する精神科医がいます。そうだとすると、自覚的に復職を考えるくらい回復してからこの療養の記録を4週間分取り終えるタイミングは、客観的にも症状が回復したと考えられる時期に合致するといえるでしょう。そうした意味でも、療養の記録を付けることは効果的だと分かります。

なお、療養の記録にもし虚偽の状態を書いたら復職判断の精度が下がってしまうのではないか、自己申告を信用してよいのかと心配する人事担当者がいます。あまり回復していないのに回復しているかのような記録を持ってくるケースは皆無ではありませんが、実態としては少数派です。むしろ、再燃・再発を自ら招くような虚偽の申告は、結果的に不調者本人にとってマイナスとなります。したがって、性善説に基づいて、療養の記録を不調者自身に付けてもらえばよいと思います。

❶ 不調者への対応ルールの策定

4 試し出勤制度を設ける

　不調者から復職願と診断書と療養の記録を提出されたら、産業医等の専門家の面接を受けてもらった上で、できるだけ試し出勤を行うことを筆者は勧めてきました。

　この場合の試し出勤は、リハビリ勤務のことではありません。あくまでも「テスト」としての試し出勤を設け、社内規程に記載するのです。

　リハビリ勤務が意味するのは、勤務当初は短時間勤務と軽作業からスタートし、徐々に時間を延ばしつつ仕事の負荷も平常時に戻していく形です。

　不調者の人もそうした形をイメージしながら、短時間勤務からの職場復帰を希望しているところがあります。しかしながら、リハビリ勤務として短時間勤務からスタートした場合には、次のようなデメリットがあります。

- 復職の準備段階から、短時間勤務が目標となってしまう
- 少しよくなったという程度の回復で、働き始めてみようという気持ちが強くなる
- 復職後、なかなか勤務時間を延ばせず、負荷をかけられない
- 結果的に短時間勤務で固定してしまう

　がんや心臓発作、腰痛で手術を受けた場合のように単に日常的な体力が低下しているだけならば、時間を延ばして負荷を高めていくリハビリ勤務は有効であり、合理的な復帰方法です。

　しかし、短時間の軽作業ができるという状態がゴールになってしまう傾向があるメンタルヘルス不調では、その状態は、そもそも回復が不十分なのです。

　「メンヘル・ナビ」で説明する試し出勤は、復職の可否を明らかにするためのテスト勤務です。就業時間が8時間勤務なら原則8時間で週5

日の計4週間、軽作業ではなく、復職後に担う業務か、それに近い負荷の仕事を担当してもらいます。

「メンヘル・ナビ」では、当初1週間だけは、慣らしとして6時間までの短時間勤務の設定を許容しますが、2週目以降は8時間勤務の負荷に耐えられるのかを見ます（図表1-12の106ページ以下の規程を参照）。

試し出勤を実施する4週間も、療養の記録と同じように不調者本人に毎日の状態を記録してもらいます。その上で、記録した内容を上司である管理職に見てもらいます。療養中の記録は自己評価ですが、試し出勤の場合はそこに客観的な評価が加わることになります。

試し出勤の間に記録し確認するポイントは、次のとおりです。

① 自覚的な体調の変化
② 起床、就寝、食事といった生活リズムの変化
③ 服薬と必要時の通院
④ 上司から指示され、時間単位で計画した業務の遂行

上司である管理職による試し出勤の評価は、最低週1回は行ってもらいます。この評価結果は、復職の可否を検証するのに重要な情報です。

自宅療養中には回復し、安定していたはずの自覚的な体調や生活リズムが、試し出勤によって変化していないかを見ていきます。試し出勤では、一定の仕事や職場のストレスにさらされるからこそ、復職の可否を評価する参考になるのです。上司が、復職後を想定した仕事がこなせていないと評価すると、復職は認められない可能性があります。

試し出勤は4週間を基本としますから、月次で訪問する産業医がいれば、その間に1回は産業医の面接を受けてもらうようにします。可能であれば、3週目から4週目の間にスケジュールをするとよいでしょう。試し出勤前と試し出勤中の2回の面接を経ると、産業医として精度の高い復職の可否判断ができます。

試し出勤の途中で体調の著しい悪化を認めたり、メンタルヘルス不調

❶ 不調者への対応ルールの策定

を原因とする遅刻や欠勤等が目立つようなら、試し出勤を中止し、休職に戻すようにします。体調を犠牲にしてまで、試し出勤をクリアしようとするのは本末転倒です。この点も社内規程に定めておくとよいでしょう。

「メンヘル・ナビ」では、復職可否を詳細な項目によって点数化するような基準を設定しませんが、この試し出勤の結果を復職判定委員会で検討する際には、次のような大まかな目安を設けます。

- 試し出勤中はその9割以上の日数において、遅刻や欠勤や早退がなく、勤怠が維持されなければならないこと
- 試し出勤中に命じられた仕事の9割以上の内容と量をこなせなければならないこと
- 試し出勤中に病状や体調の悪化がないこと
- 試し出勤の結果を判断し難いときには、上限を2週間として延長する場合があること

このように、試し出勤の判定の目安を明確に社内規程で定めておけば、不調者だけでなく、すべての従業員の共通理解にもなります。

試し出勤の合格ラインを設定することは一見厳しいように見えて、不調者にとっても再燃や再発の確率を少なくし、長期間にわたり体調を安定させるメリットもあります。不調者が試し出勤に合格するレベルをあらかじめ理解していれば、療養中の目標にできますし、試し出勤が慣らし運転としてのリハビリであるかのような誤解も招かずに済みます。

参考までに、厚生労働省の「職場復帰支援の手引き」では、「試し出勤制度等」として、次の三つのタイプに触れています。

> ①模擬出勤：職場復帰前に、通常の勤務時間と同様な時間帯において、短時間又は通常の勤務時間で、デイケア等で模擬的な軽作業やグループミーティング等を行ったり、図書館などで時間を過ごす。
> ②通勤訓練：職場復帰前に、労働者の自宅から職場の近くまで通常の出勤経路で移動を行い、そのまま又は職場付近で一定時間を過ごした後に帰宅する。
> ③試し出勤：職場復帰前に、職場復帰の判断等を目的として、本来の職場などに試験的に一定期間継続して出勤する。
>
> ※下線は筆者による。

　この手引きでは、③の試し出勤等の運用では、産業医等も含めてその必要性を検討し、主治医からも試し出勤等を行うことが本人の療養の支障とならないとの判断を受ける必要があることや、労働者の職場復帰をスムーズに行うことを目的として運用されるべきこと、必要な時間帯・態様、時期・期間等に限るべきで、いたずらに長期にわたることは避けることが強調されています。

5　復職判定委員会

　復職判定委員会という名称は人事担当者にとって耳慣れない言葉かもしれませんが、その趣旨は単純で、不調者の休職や試し出勤の要否、あるいは復職の可否等の措置を決める合議体のことです。委員会に参加するのは、人事部門責任者、不調者の上司である管理職、可能であれば産業医であり、事務局としては人事担当者です。職場側が検討し判断を行う場であることから、不調者本人やその家族は入りません。
　例えば、次のような場合に、復職判定委員会を開催することになります。

❶ 不調者への対応ルールの策定

- 事例性が疑われる問題が特定されたときに、その対応を検討する場合
- 不調者から復職願等が提出されたことにより、復職の可否や試し出勤の要否を検討する場合
- 試し出勤の評価・結果等について、復職か、試し出勤の延長ないし再休職の措置を行うのかを判断する場合
- 復職後のフォローアップ中に病状が再燃し、対応を協議する場合

　復職判定委員会の決定事項は議事録に残し、その結果は、管理職や人事担当者から不調者に通知します。

　復職判定委員会を設けるメリットには、判断のリスクを分散させる点にもあります。復職判定委員会が設けられていないのであれば、人事部門責任者の承認をとる形式であっても人事担当者が一人で決めなければなりません。その結果によっては、不調者から逆恨みされることもあります。しかしながら、関係者が協議する復職判定委員会であれば、職場全体の責任と立場に立って、その結果を不調者や家族に対して説明できます。

　復職判定委員会の判断がどうなるのかは、療養の記録や試し出勤の結果によります。病状の確認は産業医に任せ、会社としては、仕事に耐え得るかといった就労能力の回復に焦点を当てて、確認と最終決定を行います。

　なお"三人寄れば文殊の知恵"のように、合議体なら何かよい知恵が出るのではないかと期待する人がいますが、そうではありません。あくまでも定められたルールに基づいて収集された情報から職場側の判断を行うものです。

　ちなみに、厚生労働省の「職場復帰支援の手引き」にも、復職判定委員会の説明があります。

> 6　その他職場復帰支援に関して検討・留意すべき事項
> (5) 職場復帰に関する判定委員会（いわゆる復職判定委員会等）の設置
> 　　職場復帰に関する判定委員会（いわゆる復職判定委員会等）が設置されている場合、職場復帰支援の手続きを組織的に行える等の利点があるが、委員会決議についての責任の所在の明確化、迅速な委員会開催のための工夫、身体疾患における判定手続きと異なることについての問題点等について十分に検討しておく必要がある。

　この中で身体の病気との取り扱いの違いが言及されていますが、がん等の治療と仕事の両立支援も考えると、その違いはあまりなくなってきています。

　責任の所在の明確化や迅速な復職判定委員会の開催方法は、社内規程によってルール化できます。復職判定委員会の結果を議事録の形式で残しておけば、対応ルールに従った職場側の公平な対応と判断の証拠とすることもできます。

6　休職・復職手続表の作成準備

　これらの事項を理解したところで、社内規程の作り込みを始めることになります。まず最初に作っていただきたいのが、対応の詳細な流れに合わせた「表」です。「メンヘル・ナビ」では、これを「休職・復職手続表」と呼んでいます。

休職・復職手続表のイメージをつかむ

　社内規程というのは、退職金規程や育児・介護休業規程のような文章が並んでいるイメージだと思いますが、「メンヘル・ナビ」の"レシピ"では、次のようなポイントを考えて、表を作ることを優先します。

❶ 不調者への対応ルールの策定

休職・復職手続表を作るポイント

◇不調者への対応に関して、詳細な流れに沿って、誰が何をしなければならないかを記載する。
◇縦軸には、詳細な流れとして次の時間経過を示す。
　A．不調の把握の段階
　B．療養、休職までの段階
　C．回復し、復職を検討する段階
　D．復職の段階
　E．復職後の段階
◇横軸には、次の5人の関係者を並べる。
　● 主治医
　● 不調者本人
　● 上司である管理職
　● 産業医
　　——その他の専門家（従業員50人未満の事業場の場合）
　● 主管する人事担当者
◇表の中には、時間の経過ごとに各関係者が何をするかを記載する。

　主治医は職場の関係者ではありませんが、診断、治療、経過観察、診断書の発行、産業医等との情報交換を確実に行ってもらう必要があることから、関係者に含めます。
　この休職・復職手続表は、図表1-5のイメージ図にまとめることができます。このイメージ図で大まかに全体像をつかんだところで、5人の関係者が何をしなければならないのかをざっと確認しておきましょう。

5人の関係者がなすべきこと

　次に、5人の関係者が各段階で何をしなければならないのかを、それぞれ表にしていきましょう。

図表1-5　休職・復職手続表のイメージ図

時間経過・段階	5人の関係者				
	① 主治医（診断・治療・経過観察・産業医と情報交換・診断書発行等）	② 不調者本人（療養・通院等・療養記録・復職願提出、試し出勤等）	③ 管理職（面接・産業医面接の勧め・試し出勤評価・復職判定委員会出席等）	④ 産業医（健康相談・面接・専門医紹介・主治医と情報交換・意見提出等）	⑤ 人事担当者（産業医面接予約・復職判定委員会主催・休職復職手続き等）
A. 不調の把握					
B. 療養、休職まで					
C. 回復し、復職を検討					
D. 復職					
E. 復職後					

❶ 不調者への対応ルールの策定

（1）主治医

　会社側から主治医の行うことはコントロールできませんが、主治医と情報を共有し、本人の良好な復職を実現するという共通の目標を持つこと、つまり「連携」は可能です。

　精神科医の中には、職場からの情報照会に守秘義務を振りかざして、抵抗する医師がいるかもしれません。そのようなときは、産業医等の専門家を窓口に、職場側の対応ルールとその趣旨を説明し、理解を求める努力をしましょう。

　主治医に期待するのは、図表1-6のような事項です。

図表1-6　主治医がなすべきこと

時間経過・段階	内　容
適切な診断と治療とともに職場との情報交換を行ってもらう	
不調の把握	● 初診を受け付け、診断し、治療を開始する
療養、休職まで	●「療養を要する」旨の診断書を作成、発行する ● 治療を継続する
回復し、復職を検討	● 治療を継続する ●「復職可能」との診断書を発行する ● 産業医との情報交換を行う 　→復職準備性の確認に当たる
復職	● 治療を継続する ● 産業医との情報交換を行う 　→復職後の報告を受けるなど
復職後	● 治療を継続する（治療が不要になるまで） ● 産業医との情報交換を行う（再発・再燃の疑われるケースなど）

（2）不調者本人

「メンヘル・ナビ」では、不調者本人の自己責任を明確にします。不調者本人がいつ何をしなければならないかを理解できることは、「職場復帰支援の手引き」でも強調されているとおり安心感の醸成につながります。

不調者にとってのゴールが復職そのものになってしまわないように、注意する必要があります。あくまでスタートであって、復職後のフォローアップを経て、制限なく働けることを目指すべきです。

不調者本人がなすべきことは、図表1-7のような事項です。

（3）上司である管理職

管理職は、人事担当者とともに職場側の立場で不調者とその問題に対処すべき位置にあります。その手続きを社内規程に定めて、後述するように管理職研修等を通じてなすべきことを周知することは、不調者によるリスクと損失を最小化するために非常に重要です。

不調を抱えた部下の問題は、人事担当者に丸投げすればよいと思っている管理職も少なくないのです。しかし、司法も行政もその責任は経営者や直属の上司にもあると考えていることから、休職・復職手続表では、その具体的な役割を明確にします（図表1-8）。

❶ 不調者への対応ルールの策定

図表1-7　不調者本人がなすべきこと

時間経過・段階	内　容
\[自己責任で行うべきことを確実に実行してもらう\]	
不調の把握	● 上司との面接を経て産業医の面接を受ける ● その他の流れとしては、 　a 産業医等の健康相談を受ける 　b 定期健康診断後の保健指導を受ける 　c 医師の面接指導を受ける（ストレスチェック受検後、ないし長時間労働の後） 　d 自ら不調を申告する ● 産業医の助言に従い、専門医を受診する
療養、休職まで	● 療養を要する旨の診断書を提出する ● 休業・休職の所定の手続きを行う ● 休業・休職中、復職時の手順や手続きの説明を受ける ● 通院と治療を継続し、療養に努める ● 必要に応じて、産業医の面接を受ける
回復し、復職を検討	● 治療を継続する ● 主治医に復職を相談する ● 療養の記録を付ける ● 会社に復職を申請する（復職願、診断書等提出） ● 産業医の面接を受ける ● 試し出勤を行う ● 正式復職の通知を受ける（復職準備性の確認後） ● 復職の準備を整える
復職	● 治療を継続する ● 産業医の面接を受ける
復職後	● 治療を継続する（治療が不要になるまで） ● 産業医の面接を受ける（フォローアップの終了まで）

図表1-8　上司である管理職がなすべきこと

時間経過・段階	内　容
司法と行政の求める役割を果たしてもらう	
不調の把握	● 事例性に気付き本人と面接する ● 人事部門と情報を共有する ● その他、問題を感じた場合に以下の相談等を受け、あるいは自ら申告するよう部下に奨励する 　a 産業医等の健康相談 　b 定期健康診断後の保健指導 　c 医師の面接指導（ストレスチェック受検後、ないし長時間労働の後） 　d 自ら不調を申告する ● 産業医の面接を受けるよう勧める ● 産業医の面接を受けたかをフォローし、結果を確認する
療養、休職まで	● 診断書を受領し、人事担当者と共有する ● 休業や休職の手続きをサポートする ● 休業・休職中、復職時の手順や手続きを説明する ● 必要時のみ、不調者への事務連絡を行う ● 必要に応じて、産業医の面接を受けるよう勧める
回復し、復職を検討	● 復職願と診断書、療養の記録を確認する ● 産業医の面接を勧める ● 試し出勤を計画し、人事担当者とともに不調者に説明する ● 仮復職の手続きをサポートする ● 試し出勤の評価を行う ● 産業医等の意見を人事担当者と共有する ● 必要に応じて復職判定委員会に参加する ● 正式復職の通知を行い、不調者に復職後の説明を行う ● 同僚たちに説明等を行い、受け入れ準備を行う

❶ 不調者への対応ルールの策定

復職	● 産業医等の意見を人事担当者と確認する ● 復職を受け入れる ● 職場での配慮を行いながら、仕事を不調者にさせていく ● 不調者の様子を人事部門と共有する
復職後	● 産業医の面接を不調者に受けさせる ● 職場での配慮が不要になるまで継続する ● 通院・治療の継続に配慮する ● 事例性に気が付いたら人事担当者に相談する

(4) 産業医

「メンヘル・ナビ」では、メンタルヘルスに詳しい専門産業医や産業医の資格も持つような精神科医を意識してはいません。むしろ、医師会の認定産業医の資格を持った、精神科以外の平均的な医師に依頼する想定で、産業医がなすべきことを考えます。

2章で詳しく説明しますが、産業医がなすべきことは、
①インテイク
②アセスメント
③リファー
④アドバイス
の四つの役割です（図表1-9）。

産業医に行ってもらう事項は、2章で説明する、産業医等の専門家との連携の基礎となるところです。会社として、産業医にどのような役割を期待するのかを再考するよい機会になるでしょう。

なお、産業医の選任の必要がない従業員50人未満の事業場のケースや、不調者に対応してくれる産業医が確保できない場合の対応も、2章で解説します。

図表1-9 産業医がなすべきこと

時間経過・段階	内　容
職場からの依頼によって、①～④の四つのことを中心に行う	
不調の把握	**①インテイク：面接・面談による情報収集** **②アセスメント：不調の医学的評価・判断** ● その他にも依頼に応じて、以下の対応を行う 　a　従業員からの健康相談 　b　定期健康診断後の保健指導 　c　医師の面接指導（ストレスチェック受検後、ないし長時間労働の後） **③リファー：専門医に紹介・ないし状況を照会する**
療養、休職まで	**①インテイク：面接・面談による情報収集** **②アセスメント：不調の医学的評価・判断** ● 人事からの求めに応じて診断書の内容を確認する ● 必要な場合には産業医意見を提出する ● 依頼に応じて、経過観察の面接を継続する
回復し、復職を検討	**②アセスメント：不調の医学的評価・判断** ● 復職願と診断書、療養の記録を確認する ● 不調者と面接して、回復の状態を評価する ● 試し出勤中の評価を行う **③リファー：主治医との情報交換** ●（復職準備性の確認を行う） **④アドバイス：人事担当者と管理職への助言・指導** ● 必要に応じて、復職判定委員会に参加する ● 産業医意見を人事担当者と管理職に提出する
復職	●（上司、本人等から相談があれば対応する）
復職後	**②アセスメント：復職後の医学的評価・判断** ● 体調や通院・治療の継続状況の確認 **③リファー：主治医との情報交換** ● 事例性の再燃や再発を疑う場合

❶ 不調者への対応ルールの策定

| 復職後 | ④アドバイス：人事担当者と管理職への助言・指導
● 産業医意見を人事担当者と管理職に提出する |

(5) 人事担当者（人事部門）

　人事担当者は、「メンヘル・ナビ」を構築し運営する中心的な役割を担い、関係者の各手続きを見守る立場になります。図表1-6～1-9に示した4人の関係者のなすべきことを俯瞰した上で、行うべき手続きや手順を図表1-10で再確認してください。

　人事担当者自らが不調者本人と面談したり主治医からの情報を得たりしようとせず、関係者がなすべきことをフォローしていく立場をできる限り維持しましょう。人事担当者は本来の職責から見て、妥当な対応ルール・手続きが滞らないように目を配り、途中で逸脱しないように注意を払いましょう。

図表1-10　人事担当者がなすべきこと

時間経過・段階	内　容
	「メンヘル・ナビ」の全体の運営を主管する
不調の把握	● 管理職から事例性のある従業員の相談を受ける ● 従業員から以下の相談等を受け、申告するよう管理職に奨励する 　a 産業医等の健康相談 　b 定期健康診断後の保健指導 　c 医師の面接指導（ストレスチェック受検後、ないし長時間労働の後） 　d 自ら不調を申告する ● 事例性の疑いのある従業員が産業医の面接を受けるよう、スケジュールする ● 産業医の面接を受けたかをフォローし、結果を確認する

療養、休職まで	● 診断書を受領し、管理職や産業医と共有する ● 休業や休職の手続きをサポートする ● 休業・休職中、復職時の手順や手続きを説明する ● 必要時のみ、不調者への事務連絡を行う ● 必要に応じて、産業医の面接を受けるよう勧める
回復し、復職を検討	● 復職願と診断書、療養の記録を確認する ● 試し出勤を計画し、管理職とともに不調者に説明し、手続きする ● 仮復職の手続きをサポートする ● 試し出勤の実施状況をフォローする ● 産業医の面接を受けるように勧めて、スケジュールする ● 産業医等の意見を管理職と共有する ● 必要に応じて復職判定委員会を開催し、議事録を残す ● 正式復職の通知を行い、正式復職の手続きをサポートし、不調者に復職後の説明を行う
復職	● 産業医等の意見を管理職と確認する ● 管理職による職場での受け入れを支援する ● 不調者の様子を管理職と共有する
復職後	● 不調者に対して産業医の面接をスケジュールする ● 事例性が再燃したら管理職を支援し、産業医の面接をスケジュールする ● 通院・治療の継続を人事的に支援する ● 職場での配慮が不要になるまでフォローする

❶ 不調者への対応ルールの策定

7　休職・復職手続表の例

　5人の関係者のなすべきことを詳細な流れに沿って一つの表にまとめたのが、図表1-11の「休職・復職手続表」です。この表は、実際の適用や運営の核となる社内規程の全体像を示したもので、最も大切なシートです。

　この表が確定すれば、社内規程を策定する半分の作業が終わったと言ってもよいくらいです。98ページから例示したこの表を、自社に合うように修正してみてください。

　この表を元に修正を加えるのが、「メンヘル・ナビ」の"レシピ"の一つです。この表では、先ほどの5人の関係者のなすべきことを時系列で整理し直し、もう少し細かな対応まで記載しています。その修正が完了すれば、社内規程の完成もそれほど遠くないところとなります。

　産業医等の専門家と対話する際に、この表を使って説明してもよいでしょう。また、管理職への周知の機会や研修の際に配布し、対応ルールの徹底に役立てることもできます。実際に特定の従業員が不調になった際に、関係者間で共通認識を持つ場合にも使えます。

　こうした手続きを、フローチャート形式で表現している会社もあります。その場合には、この「休職・復職手続表」をフローチャート形式に変更することもできます。

　左の列には時間経過・段階を、右の列には予防医学の4段階を示しました。厚生労働省が進める「職場復帰支援プログラム」は、この表の真ん中あたり、つまり休職に入ってから復職を果たすまでを主にターゲットにしています。

　一方、「メンヘル・ナビ」では、より実用的に、早期発見の二次予防のための健康相談や保健指導、医師の面接指導の流れを盛り込んでいます。また、復職後のあたりでは、再発防止に当たる「治療と仕事の両立支援」に相当する四次予防の考え方にも触れています。

会社によっては、「休職・復職手続表」と後述する様式類だけで、社内規程として運用しているケースもあります。上司である管理職の行うべきところのみ赤枠等で囲み、管理職への周知・徹底の際に配布することもできます。

　また、不調者が見つかり、休職等に入ることが決まった段階で家族に説明する際、この表を渡して、なすべきことを説明することもできるでしょう。

8　休職・復職手続き規程

　図表1-11の「休職・復職手続表」が完成してから、これを自社等の作法に合わせて文章に書き起こせば、正式な規程文書とすることができます。

　図表1-12に、「休職・復職手続き規程」の例を示します。図表1-11の「休職・復職手続表」と同様に、これを改変して使用していただくのが、「メンヘル・ナビ」の"レシピ"です。表には表現しきれないような、例えば回復や試し出勤の目安等を含めて、記述するとよいでしょう。

❶ 不調者への対応ルールの策定

図表1-11 休職・復職手続表（例）

WEBサイトから
ダウンロード
できます

時間経過・段階	主治医がなすべきこと	不調者本人がなすべきこと	上司である管理職がなすべきこと	産業医がなすべきこと	人事担当者がなすべきこと	予防医学の4段階
	適切な診断と治療とともに職場との情報交換を確実に実行してもらう	自己責任で行うべきことを産業医に実行してもらう	司法と行政の求める役割を果たしてもらう	職場からの依頼によって、四つのことを中心に行う	「メンヘル・ナビ」の全体の運営を主管する	三次予防（早期発見）
A 不調の把握	—	上司との面接を受ける	事例性に気付き本人と面接する	—	—	
	—	—	人事部門と情報を共有する	—	管理職から事例性のある従業員の相談を受ける	
	—	その他の流れとしては、a 産業医等の健康相談を受ける b 定期健康診断後の保健指導を受ける c 医師の面接指導を受ける（ストレスチェック受検後、ないし長時間労働の後）d 自ら不調を申告する（次）	その他、以下の申告等を受け、自ら申告するよう部下に奨励する a 産業医等の健康相談 b 定期健康診断後の保健指導 c 医師の面接指導（ストレスチェック受検後、ないし長時間労働の後）d 自ら不調を申告する	—	従業員から以下の相談等を受け、申告するよう管理職に奨励する a 産業医等の健康相談 b 定期健康診断後の保健指導 c 医師の面接指導（ストレスチェック受検後、ないし長時間労働の後）d 自ら不調を申告する	
	—	産業医の面接を受ける	産業医の面接を受けるよう勧める	①インテイク：面接・面談による情報収集 ②アセスメント：不調の医学的評価・判断 ②'その他にも依頼に応じて、アセスメントを行う a 従業員からの健康相談 b 定期健康診断後の保健指導 c 医師の面接指導（ストレスチェック受検後、ないし長時間労働の後）	事例性の疑いのある従業員が産業医の面接を受けるよう、スケジュールする	

	本人	管理監督者	産業保健スタッフ	人事労務担当者	三次予防（復職支援）
	初診を受け付け、診断し、治療を開始する	産業医の助言に従い、専門医を受診するあるいは主治医に相談する（※の場合）	産業医の面接を受けたかをフォローし、結果を確認する	③リファー：専門医に紹介、ないし状況を照会する	産業医の面接を受けたかをフォローし、結果を確認する
	「療養を要する」旨の診断書を作成、発行する	診断書を提出する	診断書を受領し、人事担当者と共有する	人事からの求めに応じて診断書の内容を確認する（②アセスメント）	診断書を受領し、管理職や産業医と共有する
B 療養・休職まで		休業・休職の所定の手続きを行う	休業や休職の手続きをサポートする	④アドバイス：必要な場合、人事担当者と管理職への助言・指導	休業や休職の手続きをサポートする
		休業・休職中、復職時の手順や手続きの説明を受ける	休業・休職中、復職時の手順や手続きを説明する	—	休業・休職中、復職時の手順や手続きを説明する
	治療を継続する	通院と治療を継続し、療養に努める	—	—	必要時のみ、不調者への事務連絡を行う
		必要に応じて、産業医の面接を受ける	必要に応じて、産業医の面接を受けるよう勧める	依頼に応じて、経過観察の面接を継続する（②アセスメント）	必要に応じて、産業医の面接を受けるよう勧める
		治療を継続する	—	—	—
		主治医に復職を相談する	—	—	—
C 回復し、復職を検討	治療を継続する	療養の記録を付ける	会社に復職を申請する（復職願、診断書等提出）	復職願と診断書、療養の記録を確認する	②アセスメント：不調の医学的評価・判断 ●不調者と面接して、回復の状態を評価する ④アドバイス：必要な場合、人事担当者と管理職への助言・指導	復職願と診断書、療養の記録を確認する
		産業医の面接を予定する	試し出勤を計画し、担当者とともに不調者に説明する	—	産業医の面接をスケジュールする
		産業医の面接を受ける	産業医の面接を勧める	—	試し出勤を計画し、管理職とともに不調者に、手続きを管理者に説明する

❶ 不調者への対応ルールの策定

時間経過・段階	主治医がなすべきこと	不調者本人がなすべきこと	上司である管理職がなすべきこと	産業医がなすべきこと	人事担当者がなすべきこと	予防医学の4段階
C 回復し、復職を検討	適切な診断と治療とともに職場との情報交換を行ってもらう	自己責任で行うべきことを確実に実行してもらう	司法と行政の求める役割を果たしてもらう	職場からの依頼によって、四つのことを中心に行う	「メンヘル・ナビ」の全体の運営を主管する	三次予防(復職支援)
		仮復職の手続きを行う	仮復職の手続きをサポートする		仮復職の手続きをサポートする	
	治療を継続する	試し出勤を行う	試し出勤の評価を行う	②アセスメント:不調の医学的評価・判断 ・試し出勤中の評価を行う	試し出勤の実施状況をフォローする	
		産業医の面接を受けることがある	—	③リファー:主治医との情報交換	産業医の面接をスケジュールする	
	産業医との情報交換を行う(復職準備性の確認など)	—	産業医等の意見を人事担当者と共有する	必要に応じて復職判定委員会に参加する	産業医等の意見を管理職と共有する	
		—	必要に応じて復職判定委員会に参加する	復職判定委員会を開催し、議事録を残す	
	治療を継続する 「復職可能」との診断書を発行する	正式復職の通知を受ける	正式復職の通知を行い、不調者に復職後の説明をする	産業医意見を人事担当者と管理職に提出する(④アドバイス)	正式復職の通知を行い、ポートし、不調者に復職後の説明をする	
	産業医との情報交換を行う(復職後の報告を受けるなど)	復職の準備を整える	同僚たちに説明等を行い、受け入れ準備を行う	③リファー:主治医との情報交換 ④アドバイス:人事担当者と管理職への助言・指導	—	
D 復職		治療を継続する	産業医等の意見と担当者に確認する	—	産業医等の意見を管理職と確認する	
	治療を継続する	産業医の面接を受ける	復職を受け入れる	—	管理職による職場での受け入れを支援する	

	就労を継続する			四次予防（両立支援）
		職場での配慮を行いながら、仕事を不調者にさせていく		
		不調者の様子を人事部門と共有する		不調者の様子を管理職と共有する
E 復職後	治療を継続する（治療が不要になるまで）	職場での配慮が不要になるまで継続する	―	職場での配慮が不要になるまでフォローする
	産業医の面接を受ける（フォローアップの終了まで）	産業医の面接を不調者に受けさせる	②アセスメント：復職後の医学的評価・判断 ●体調や通院・治療継続状況の確認	不調者に対して産業医の面接をスケジュールする
	就労を継続する	通院・治療の継続に配慮する		通院・治療の継続を人事的に支援する
	産業医との情報交換を行う（再発・再燃の疑いがあるケースなど）			
	主治医に相談する	事例性に気が付いたら人事担当者に相談する	③リファー：主治医との情報交換 ●事例性の再燃や再発を疑う場合 ④アドバイス：人事担当者と管理職への助言・指導	事例性が再燃したら管理者を支援し、産業医の面接をスケジュールする

（©亀田高志、健康企業、2018）

❶ 不調者への対応ルールの策定

図表1-12　休職・復職手続き規程（例）

20○○年○月○日
株式会社○○○○　人事部

Ⅰ．目的と目標

　この休職・復職手続き規程は、心身の不調が懸念される従業員への対応を確実に行うことを目的としている。同時に、厚生労働省による「メンタルヘルス指針」や「職場復帰支援の手引き」の内容を満たしつつ、不調者の早期発見や不調が分かった従業員の「治療と仕事の両立支援」も考慮している。

　本規程では、関係者の手続きや手順を明確にして、不調者が確実に把握され、適正な医学的評価を受けられることや、適切に治療され、回復のための適切な休業・休職を経て、適切な就業上の配慮の下に管理され、復職への支援を受けられるようにすることを目標とする。

Ⅱ．対象

　就業規則の適用を受ける全従業員のうち、原則として同一種類の不調によって長期（有給休暇による日数も含む1カ月以上）に休業する従業員を対象とする。ただし、病状等により、人事部ないし産業医が必要と認めた場合には、日数に関係なく対象とする場合がある。

Ⅲ．不調者の基本的な経過・対応の流れ

　心身の不調はその発病により、業務への支障を生じるとともに療養を要する経過をたどるものが少なくない。しかし、適切な治療と病気療養により回復し、十分な体調を維持できれば、結果として復職することが可能となる。こうした経過、流れに沿って、不調の従業員の休職・復職の手続きを以下の流れを基本として本規程で定めるものである。

①徐々に症状が出る。発病する。その場合、不調の従業員にははっきりとした自覚のない場合でも以下の状態になったり、行動をとることがある。

- 出勤や仕事に支障が出ることがある
- 産業医の健康相談を自主的に受けることがある
- 定期健康診断後の保健指導で相談することがある
- ストレスチェック後の医師の面接指導で相談することがある
- 長時間労働後の医師の面接指導で相談することがある

②産業医等の助言により、医療機関にかかる
③専門医による診断を受け、治療が開始される
- 自ら医療機関で相談することがある
- その場合、不調であることを自ら申告する場合がある

④休業・休職の手続きを行う
⑤療養を始め、それに専念する
⑥復職を希望する程度に回復してくる
⑦会社に復職を申請する
⑧会社は復職が可能かどうかの検討を行う
⑨復職する
⑩復職後に一定期間、フォローアップを受ける
- 復職後には再発防止を意識しつつ、就労を継続しながら通院・治療を必要な限り続ける

Ⅳ. 基本的な流れにおいて関係者が行う手順と手続き

以上の流れを基本として、本人を含む、より詳細な関係者の対応を以下に定める。

①徐々に症状が出る。発病する

　その結果、出勤や仕事に支障が出ることがある。そのことに上司等が気付いた場合には、産業医の面接を勧める。

　また、本人からの希望による健康相談、健康診断後の保健指導、ストレスチェック後や長時間労働を行った後の医師の面接指導から、産業医による評価につながることもある。

②産業医等の助言により、医療機関にかかる

　産業医が医学的な評価を行い、専門医による診断や治療が必要と判断した場合には適切な医療機関への紹介を行い、受診を勧める。

③専門医による診断を受け、治療が開始される

❶ 不調者への対応ルールの策定

　　紹介された医療機関を受診した場合に、診断の結果によって治療を受けることになる。すでに自ら受診している場合には、従業員の同意の上、産業医は健康配慮のために主治医と情報交換を行うことがある。

④休業・休職の手続きを行う

　　療養が必要だと主治医（専門医）が判断した場合には、その内容を記載した診断書を作成してもらい、上司経由で人事部担当者に提出する。また、すでに従業員が受診している場合、不調の申告と療養が必要だとの主治医（専門医）による診断書を自ら提出することもある。

　　従業員から提出された診断書の内容については、産業医の確認を受けることがある。

　　不調の従業員は、就業規則に定められた休業・休職の手続きを経て、療養する。事前に、上司と人事部担当者から手続きの説明や支援を受けるほか、療養中や復職の際の手続きについても説明してもらう。

⑤療養を始め、それに専念する

　　不調の従業員は、療養中には確実に通院・治療を継続する必要がある。回復のために適切な睡眠や栄養の確保に努め、医師の勧める適切な生活習慣を守るようにする。

　　不調の従業員は療養中、病状に差し支えない範囲で主治医に相談の上、1カ月に1度程度、上司に状況の報告を行う。

　　継続して療養する場合には、診断書の期限が切れることのないよう、不調の従業員は会社に提出を行う必要がある。

　　なお、療養中に必要があれば、産業医の面接や指導を受けることができる。

⑥復職を希望する程度に回復してくる

　　適切な治療と療養によって、心身の不調の多くは回復してくるとされている。

　　不調者が十分に回復するまで療養に専念し、十分な体調を確保できてから復職できるよう、本規程では、以下のような復職を考える目安や必要な手順を示す。

a．復職を考える上で体調・回復を判断する目安
　（回復の目安）
　　○通院は確実か？治療としての薬の内服等は確実か？
　　○病状は回復していると感じられるか？
　　○起床してから夜寝るまでの間の過ごし方は毎日規則正しいか？
　　○不眠はないか？昼間の眠気はないか？
　　○食欲は十分あるか？
　　○習慣的な飲酒を続けていないか？
　　○本を読んだり、パソコンを操作しても注意力が続くか？
　　○その後、強い疲労を感じないか？
　　○家を出て散歩したり、軽い運動をすることは可能か？
　　○家族は病状の回復を認めているか？
　（復職の目安）
　　○自覚的に体調が普段の8割から9割以上の調子であるか？
　　○安全で確実に通勤ができるか？
　　○1日6時間から8時間の勤務に耐える体力と気力が確保できているか？
　　○自宅で復職を想定した、自主的に決めた課題は十分にできているか？
　b．主治医との相談
　　　以上のような回復が十分であり、復職の目安に到達しそうだと考えた場合には、従業員は主治医による定期的な診察の際に復職の相談を行う。このとき、主治医が専門的に復職は可能だと同意する場合には、復職が可能である旨の診断書を作成してもらい、上司経由で人事部担当者に提出する。
　c．療養記録表
　　　主治医に復職に関して相談をする段階で、自身の体調を毎日「療養記録表」に記載し始める。この療養記録表に記録して、4週間、体調が安定していれば、復職の申請を考える段階となる。
⑦会社に復職を申請する
　　上記の復職の目安に達したと考える従業員は、次の書類を管理職経由で人事部担当者に提出する必要がある。

❶ 不調者への対応ルールの策定

　1．所定の復職願
　2．主治医による復職可能の診断書
　3．4週間の療養の様子を記録した療養記録表
⑧会社は復職が可能かどうかの検討を行う
　会社は、提出された復職願、診断書、療養記録表の内容を産業医とともに検討する。その目的は、復職後に不調の従業員が再燃や再発することのないようにすることである。
　以下の手続きを通して、不調の従業員の体調が復職後の就労に耐えられるのかを健康配慮の観点から検討する。
ａ．産業医による面接
　産業医は会社に代わって、従業員に就労に耐え得る体力があるか、体調に問題がないかを確認し、会社側に伝える役割が法的に定められている。
　復職を希望する従業員は、産業医の面接を受ける。その際には参考として、主治医による診断書や療養記録表を人事部担当者は産業医に提供する。
　産業医は復職の可否や留意点を判断し、「産業医意見書」を人事部担当者に提出する。
　なお、産業医は、主治医からの意見をあらためて求めることがあり、その際には「職場復帰支援に関する情報提供書」を作成し、事前に不調の従業員の情報開示に関する了承を取り、署名を得る。
ｂ．試し出勤
　原則として、本規程の対象者には、仮復職の手続きの上、試し出勤を行う。その目的は、再燃、再発による再休業や再休職を繰り返さないために、就労に耐え得るレベルにあるのかを確認することである。
　試し出勤の要領は、以下のとおりである。
　1．試し出勤が必要との判断を、上司または人事部担当者が不調の従業員に伝える。
　2．不調の従業員は上司ないし人事部担当者から説明を受け、上司とともに「試し出勤願」に署名し提出する。
　3．期間は原則4週間とするが、正式な復職の判断ができない場

合は、さらに2週間を限度として試し出勤を延長することがある。
4．1週目は最大2時間の短時間勤務を認めるが、2週目以降は所定の勤務時間とする。
5．試し出勤の取り扱いはいったん仮復職としたものとするが、給与については別途就業規則に定めるとおりとする。
6．試し出勤における業務の負荷は、「産業医意見書」に従って決定する。
7．不調の従業員は勤怠や業務への取り組み状況、体調悪化の有無につき、「試し出勤記録表」に毎日記録する。管理職は、これを毎週、確認する。
8．不調の従業員は、試し出勤期間の後半に産業医の面接を受け、病状の再燃や再発等の悪化がないか、確認を受ける。その際、不調の従業員は「試し出勤記録表」を持参し、産業医は面接の結果を「産業医意見書」に反映し、人事部担当者に提出する。
9．試し出勤の評価は、再休職、試し出勤延長、正式復職のいずれかとなる。その評価と判断のために、後述する復職判定委員会を開催することがある。
10．試し出勤の評価結果は、上司から不調の従業員に通知される。

c．復職判定委員会
1．復職判定委員会は、人事部長が期日を決めて委員を招集し、開催する。
2．試し出勤の評価や復職の可否の判断その他必要なときには関係者間で協議し、迅速で正確な判断を行うことを目標とする。
3．復職判定委員会の委員は、以下のとおりである。
  ●人事部責任者
  ●人事部担当者（事務局）
  ●対象者の上司
  ●産業医（出席が可能で必要な場合）
  ●その他、人事部責任者が必要と考える関係者
4．各委員は、主治医による診断書や産業医意見書、試し出勤の結果（記録表）を参照し、復職の可否等を決定する。

5．人事部担当者は、復職判定委員会における決定事項を所定の様式において記録し、保管する。

　以上の手続きを経て正式復職を認められた従業員には、「就業措置通知書」を用いて、上司が復職の日時と職場、業務内容を通知、説明する。

⑨復職する

　上司から説明を受けたとおりに業務に従事する。

　復職後も主治医の指導に従い、従業員は通院と治療を継続する。

　上司は、産業医意見書の内容に従って業務負荷の制限を行い、従業員の体調が悪化しないように留意する。

　復職に際して、従業員の同意の上、産業医が所定の様式を用いて復職の予定等を主治医に伝えることがある。

⑩復職後に一定期間、フォローアップを受ける

　復職後、半年から1年程度を目安として、従業員は定期的に産業医の面接を受け、再燃や再発の有無と業務負荷が適当であるかの確認を受ける。

　最終的に、産業医により、通常の業務に耐え得る安定した状態であると判断されれば、フォローアップは終了する。

　もしも、不調の再燃がある場合には、上司が人事部担当者を通じて産業医に相談することがある。また、産業医は従業員の同意の上、主治医との情報交換を行うことがある。

　なお、復職後も従業員が適切な治療を継続できるよう、通院に妨げがないように上司と人事部担当者は業務について配慮する。

Ⅴ．留意する事項

　従業員が心身の不調により休職したり復職した場合には、以上の手順や手続きを例外なく適用する。

　なお、従業員の回復を支援するため、その配偶者等、生計を共にする家族に、会社は十分な配慮を行う。必要に応じ、本人の同意の下で、会社での状況や業務に復帰させるための対応について会社側から説明を行うことがある。

9　社内規程を策定する際の注意点

　図表1-12に示したような社内規程を策定し、活用するに当たり、いくつか検討を要する事項があります。

　まず、対象の従業員の範囲です。かつては主に、健康管理は正規雇用の従業員を対象としている会社が多かったのですが、近年は非正規雇用の従業員が増えるとともにその中からメンタルヘルス不調者が出て、その対応に苦慮する人事担当者も少なくありません。非正規雇用に当たる従業員への対応は、厚生労働省による2018年4月からの第13次労働災害防止計画でも重視されています。

　リスクや損失については、正規雇用の従業員が中心なのか、非正規雇用の従業員も含むのかを、それにかかるコストの点からも、よく検討する必要があります。自社の状況等に応じ、「メンヘル・ナビ」を適用する対象者やレベルを判断することになるでしょう。

　お気付きかもしれませんが、図表1-12では、メンタルヘルス不調だけでなく、「心身の不調」を対象としていて、身体の病気を含めるようにしています。つまり、身体の病気の場合にも、有給休暇による日数も含めて1カ月以上長期に休業した従業員だけでなく、会社が必要と考える場合にこの社内規程を適用できる形を取っています。

　実際に長期に休む場合の多くは、メンタルヘルス不調です。その他は、がんや脳卒中、心筋梗塞のような重大な医学的問題になると思います。これらは政府や厚生労働省が推進しつつある「治療と仕事の両立支援」に相当するところですが、本来は"病気で働くことができない状態"が問題であるわけで、メンタルヘルス不調と身体の病気を区別しないほうが、将来的な運営はスムーズになるでしょう。

　身体の病気であっても同様の手順や手続きで復職の可否を判断することは、企業等に課せられた安全配慮義務を履行できるメリットがあります。また、心身の病気を区別せずに対応することで、従業員の不安が和

❶ 不調者への対応ルールの策定

らぐとともに公平感がもたらされるといったよい効果があります。現在は65歳まで働くことが標準的ですが、今後70歳まで働くことが視野に入ってくると、身体の病気を抱える従業員がより多く出てくるはずです。

図表1-11の「休職・復職手続表」の例では、対象となる従業員には、原則として試し出勤を適用することにしています。

また、家族への配慮として、従業員の状況や手続き等を説明することは、家族の不安を軽減し、連携が取りやすくなるメリットがあります。家族との連携は、個人情報保護やプライバシーへの配慮の観点から、不調者本人の同意が前提となりますが、こうしてきちんとした説明を行うことは、その後のリスクや損失を軽減する効果があります。

なお、厚生労働省は「職場復帰支援の手引き」や「メンタルヘルス指針」においても、個人情報保護（健康情報管理）の徹底を指導しています。不調者の情報管理が不十分であると、対応を行う会社にとって、むしろリスクを増大させてしまうことになります。メンタルヘルス不調に関わる情報の正しい取得や利用、保管や廃棄期限のようなルールを、個人情報保護で要するものと同じように設けて、慎重な取り扱いを徹底してください。

3 方針

次に、職場としてのメンタルヘルス不調に対する方針を文書化し、これを職場内、場合によっては職場外に公表することを検討します。

この方針の表明は、いくつかの理由から注目されています。

一つにはここ数年、経済界からも注目されている「健康経営®」です。経済産業省によれば「従業員等の健康管理を経営的な視点で考え、戦略的に実践すること」とされており、これを推進するために、経済産業省や東京証券取引所による上場企業に対する健康経営銘柄の選定や、健康

保険組合や政府系金融機関による顕彰制度が進められています。
※「健康経営」は特定非営利活動法人健康経営研究会の登録商標です。

　その中で重視される項目が、経営者による健康管理を重点的に行う旨の方針表明です。

　また、政府の推進する働き方改革実行計画においても職場のメンタルヘルス対策が挙げられており、行政施策として一層、重要視されつつあります。そうした動きの中で、厚生労働省による「メンタルヘルス指針」で推奨されている「心の健康づくり計画」では、メンタルヘルス対策をPDCAサイクルによるマネジメントシステムで推進することとされています。

　ここでは、方針を公表するメリットと工夫を解説し、その後に"レシピ"としての方針の例を提示します。

1　方針を公表する意味と経営層への説明

　「メンタルヘルス対策くらいで、わざわざ会社方針が必要なのか？」と疑問に感じる方がいるかもしれません。

　しかしながら、将来的に「メンヘル・ナビ」の運営を安定させるためには、この方針があるのとないのとでは大きな違いがあります。

　就業規則や社内規程といった対応ルールを策定し、後述する管理職への周知を行い、不調者への対応を標準化することができても、そこに経営者の意向に基づく承認、つまり方針の公表がなければ、「メンヘル・ナビ」は脆弱な仕組みで終わってしまいます。

　「メンヘル・ナビ」を運営することは、うつ病等のメンタルヘルス不調者を人材として見捨てず、受け入れようという考え方に基づきます。「働けない従業員は、損失を生むだけだから辞めさせてしまえばよい」という経営者の下では、従業員は安全と安心が保障されず、業務に専念することすらできません。それでは、メンタルヘルスに関するリスクや

> ❶ 不調者への対応ルールの策定

損失を考える以前の問題となってしまいます。

また、「健康経営」を推進しようという経営者であっても、健康管理やメンタルヘルス対策を定めた労働安全衛生法上の重要な責任を認識していない可能性があります。

労働安全衛生法に定められた事業者（経営者）の責任

> ■労働安全衛生法３条
> 　事業者は、単にこの法律で定める労働災害の防止のための最低基準を守るだけでなく、快適な職場環境の実現と労働条件の改善を通じて職場における労働者の安全と健康を確保するようにしなければならない。

このように、経営者には、従業員の安全と健康を確保する責任があると定められています。それを可能にする措置の一つが、厚生労働省による「メンタルヘルス指針」や「職場復帰支援の手引き」「事業場における治療と職業生活の両立支援のためのガイドライン」を満たすことであり、この「メンヘル・ナビ」を運営することで、ある程度カバーできるのです。

経営者にそうした重要性を意識してもらうために、前述の第13次労働災害防止計画でも事業者の方針表明が重視されていると伝えることもできます。

「メンタルヘルス指針」で求められている内容を以下に掲げましたので、参照してみてください。

メンタルヘルス指針でも強調されている方針表明

> ２　メンタルヘルスケアの基本的考え方
> 　……労働者の心の健康づくりを推進していくためには、職場環境の改善も含め、事業者によるメンタルヘルスケアの積極的推進が重要であり、労働の場における組織的かつ計画的な対策の実施は、大きな役割を果た

労働法データベースの決定版

最新の法令、通達、判例、ALL IN ONE。ひと月あたり1,000円。

法令 / 通達 / 判例 / Q&A / データベース **労働法ナビ**

日々更新
「改正法情報」
専用ページ

※推奨環境・最新の収録情報は、弊社HPをご覧ください

法令 / 通達・業務取扱要領 / 判例 / Q&A / 労基法逐条解説 / 法定様式 / パンフレット / 規程・様式 / メルマガ

14日間無料トライアル実施中！
書籍ご購入者特典のシリアル番号で、すぐにお試しいただけます

無料トライアル用シリアル番号（半角英数字）

2bs9n

ご利用開始方法は「労働法ナビ」トップページより、「無料トライアル（14日間）を実施中」のバナーをクリック

無料トライアルはお一人様1回限りとなります。
トライアル終了後自動課金されることはありません。お気軽にお試しください。

年間利用料[1ID]
12,000円+税

詳しくは ▶ 労働法ナビ 検索 http://www.rosei.jp/lawdb/　　株式会社 労務行政

すものである。
　このため、事業者は、以下に定めるところにより、自らがストレスチェック制度を含めた事業場におけるメンタルヘルスケアを積極的に推進することを表明するとともに、衛生委員会又は安全衛生委員会（以下「衛生委員会等」という。）において十分調査審議を行い……メンタルヘルス不調を早期に発見し、適切な措置を行う「二次予防」及びメンタルヘルス不調となった労働者の職場復帰を支援等を行う「三次予防」が円滑に行われるようにする必要がある。……

4　心の健康づくり計画
　……メンタルヘルスケアを効果的に推進するためには、心の健康づくり計画の中で、事業者自らが事業場におけるメンタルヘルスケアを積極的に推進することを表明するとともに、その実施体制を確立する必要がある。……心の健康づくり計画で定めるべき事項は次に掲げるとおりである。
① 事業者がメンタルヘルスケアを積極的に推進する旨の表明に関すること。……

※下線は筆者による。

　メンタルヘルス不調者が一度休職すれば、その期間は数カ月に及び、その後も過半数の人はなかなか完治できないのが実情です。もし当人が自殺したともなれば、企業イメージの毀損と人材確保への影響は計り知れません。

　厚生労働省による「第13次労働災害防止計画」においても、「労働者の健康確保対策の強化」として企業におけるメンタルヘルス対策に、トップによる取組方針の設定・表明等が掲げられています。

　方針表明の承認をもらうために経営者や役員との対話の機会があれば、こうした背景や課題も理解してもらった上で、「メンヘル・ナビ」の運営を後押ししてもらうとよいでしょう。

❶ 不調者への対応ルールの策定

2 方針の公表を通じて見直す事項

　メンタルヘルス対策や健康管理についての方針を公表する企業は、これまで多くありませんでした。しかしながら、不調者によるリスクと損失を軽減することに焦点を当てる「メンヘル・ナビ」では、方針表明することは、人事部門や組織全体で不調者問題に取り組む意思表示となって、よい効果が期待できると考えています。

　従来の健康管理にありがちな、専門家に任せておこうという位置付けではなく、「人事部門が主管し、人事担当者がリードして、しっかりと対応を固めていくぞ！」という意思表示をすれば、「会社と人事は本気だ！」と分かってもらうことができます。そのメッセージを送る相手は、全管理職と全従業員です。

　管理職に対する周知機会や研修でも、公表された方針があるのとないのとでは、反応が大きく違います。社長名で出ている方針があれば、襟を正して聴こうという雰囲気になるでしょう。人事部門としての方針があれば、人事が本格的に主管するのだ、という認識を持ってもらえます。

　「メンヘル・ナビ」で管理職研修を行うのは、啓発に加えて、対応ルールどおりに行動してもらうためですので、この認識の有無は、その後の不調者への対応の精度に影響してきます。

　方針を示しておけば、継続的な対策として意識されやすくなり、改善の度合いを測定し続けることも可能になります。

　メンタルヘルス対策のために就業規則を改定する際、労働組合や従業員代表への説明時に不利益変更ではないかという疑問が出ても、明確な方針があれば、不調者を排除するのではなく、しっかりと対策を行うためだと理解してもらうことができます。

3　方針を公表する"レシピ"

社長や担当役員等の了承がもらえたら、方針の公表に進んでいきましょう。

方針を公表するレベル

まず、誰の名前で、どこの部署から公表するかを、人事部門の中で相談します。

メンタルヘルス対策や不調者への対応方針のレベル

> ① 経営者や経営層の名前で公表する
> ② 人事部門や担当役員の名前で公表する
> ③ 人事部としての各部署への通達として発信する
> ④ すでに公表されている安全衛生管理方針に含める
> ⑤ 衛生委員会の中で公表する

①②のように高いポジションの人の名前で出すほうがインパクトが大きいものの、社長決裁をもらうとなると、そのハードルが高くなる場合もあるでしょう。

また、③のような人事部門からの通達レベルの場合は実行しやすいものの、これを受け取る管理職層しか注目せず、その部下である従業員には浸透しない可能性があります。

④のように安全衛生管理方針がすでに出されているのであれば、これにメンタルヘルス対策の項目を追加する方法もあります。

⑤の衛生委員会で年度初めに方針表明を行う場合、人事部がその運営に関与しているならばハードルは低そうですが、管理職層へのインパクトは、衛生委員会の運営の質や認知度によって左右されるところがあります。

❶ 不調者への対応ルールの策定

　以上のように、これらの公表のレベルとインパクトはトレードオフの関係に似ています。取り得る現実的な選択を検討し、可能であれば複数のレベルで公表ができると、周知にも役立ち効果的です。

方針に含める事項

　「方針を表明し対策を進めるぞ！」と謳うだけでは、心もとない面がありますので、安全衛生管理や健康管理全般、あるいはメンタルヘルス対策に至るまで、対策の方針にはなるべく次のような項目を含めるようにしてください。

方針に含める事項

- ○（可能であれば）社長や担当役員による対策を進める意思表示
- ○人事部門が主管するという宣言
- ○対応ルールの策定と周知（便宜的にプログラムと呼んでもよい）
- ○産業医等の専門家資源の確保と活用
- ○PDCAサイクル（計画・実施・評価・改善）の継続
- ○情報提供・研修の実施
- ○健康情報の保護
- ○必要な予算・資源の確保

4　方針の文例

　ここでは、前記①～⑤のレベルごとの文例を示します。自社等の状況に合わせ、"レシピ"に従って、メンタルヘルス不調者への対応を試みてください。

例 方針-1　社長や担当役員の場合

20○○年○月○日
株式会社○○○○○○
代表取締役社長　　○○○○

メンタルヘルス対策方針

　わが社は人を大事にする会社として、従業員を中長期的に重要な経営資源として重視してきました。しかし、近年、心の健康を損ない、不調に陥る従業員が少なからず発生しています。こうした状況を鑑み、このたび、人事部が主管し、あらためて対策を行っていく方針をここに表明します。

○従業員の心の健康問題が悪化した状態を人材の問題と捉えて、適切に対応する
○不調の従業員への対応を適切に行う対策プログラムを策定し、社内に周知し、これを個々の不調者に適切に適用する
○産業医等の専門家を積極的に活用する
○不調者や職場の情報の機密性を重視し、その適切な保護を確保する
○社内全体の傾向を継続的に評価し、改善策を講じていく
○対策の実施に妥当と判断される範囲内で予算や人員を準備する

❶ 不調者への対応ルールの策定

例 方針-2　人事部通達の形式＝管理職に宛てた説明文書とする場合

20○○年○月○日
株式会社○○○○○
人事部　○○○○

メンタルヘルス対策に関する取り組みのお知らせ

　過去、○年間にわたり、うつ病等の診断書を提出して休業・休職に陥る、いわゆるメンタルヘルス不調者の増加がわが社でも顕著です。
　このような状況を改善すべく、従業員の心の健康を重要な経営資源とあらためて位置付け、今後人事部の統括の下、実行可能な対策を行っていくことにしました。これらの対策は単年度のものではなく、人事部として中長期的に継続して対処するべきものと捉えています。
　各管理職においては、以下の事項を予定していますので、積極的な協力や参加をお願いいたします。

1．不調者への対応ルールとしての就業規則の改定や社内規程の整備
2．対応ルールの説明を含む管理職向けの研修の実施
3．個別の対応における管理職、人事部、産業医等との連携の強化

例 方針-3　既存の安全衛生管理方針に含む場合

20○○年○月○日
株式会社○○○○○
環境安全部　　○○○○

安全衛生管理方針

○従業員の全員参加、協力の下、安全衛生・健康管理対策を推進する
○安全と健康に影響するリスクを評価し、低減対策を実施する
○安全と健康に影響するリスクや低減対策の情報を従業員に周知する
○安全衛生・健康管理に関する法令を順守し、法令がない場合でも適正な基準を策定し、適用する
○安全管理対策、衛生管理対策、健康診断を含む健康管理対策に積極的に従業員が参加するよう求める
○安全衛生・健康管理対策の実施状況を見直し、継続的な改善を行う
○従業員の健康に関する情報を適切に保護する
○法令指針に従い、特に次の事項に重点的に取り組む
　＊不調者への対応を中心としたメンタルヘルス対策
　＊長時間労働対策

❶ 不調者への対応ルールの策定

例 方針-4　衛生委員会で調査審議し、対策の年間計画に含む場合

20○○年○月○日
株式会社○○○○○
衛生委員会委員長・●●事業所長　○○○○

心の健康づくり計画の策定と実行について

　当衛生委員会では20○○年度の活動として、メンタルヘルス対策、特にうつ病等の不調者への対応に重点を置き、これを積極的に推進していくこととした。そのため、衛生委員会における労使による調査審議を通じて、人事部、産業医、そして管理職が連携を取っていく。
　今年度の重点事項として、以下の事項を人事部が中心となって実行し、毎月の衛生委員会で進捗を確認し、年度末には実施内容の評価を行う。

① 不調者への復職プログラムの策定と周知
② 管理職への研修の実施
③ 関連する情報の保護・管理の徹底

　本計画の実行は単年度にとどまらず、年度末の評価の結果、課題が残る場合には次年度に再び計画を立て、継続的に対処していくものとする。

5　方針公表後の注意点

　CSR（企業の社会的責任）活動の情報を社内外に発信している場合は、社長や担当役員レベルで公表した方針もこれに含めたほうがインパクトがありますし、メンタルヘルス不調者への対応がよい宣伝になることもあると、担当部署に提案するとよいでしょう。

　また、「健康経営」の顕彰制度への応募を検討、計画しているならば、「メンヘル・ナビ」の運営と合わせて、方針の公表やその内容を申告してもよいと思います。

　衛生委員会で公表する形を取った場合には、「心の健康づくり計画」に沿って、委員長名による会社（事業場）としての対策の意思表明を行った旨を、その月の議事録に残しておきましょう。出席した委員には各部署で回覧するなりして、周知に努めてもらうとよいと思います。

　衛生委員会における心の健康づくり計画は毎年のことですので、年度ごとの意思表示を委員長名で必ず行うようにすれば、継続性を確保するのに有効です。

　方針を公表した後には、労働組合との協議の場で説明したり、管理職研修の場で周知するのも有益です。

　経営者や役員の交代、内容・文言の修正の必要が生じた際には、更新した日付を忘れずに入れておくとよいでしょう。

❶ 不調者への対応ルールの策定

4 各種様式類

　これで対応ルールの策定はほぼ完了と言ってよいと思いますが、最後に、「メンヘル・ナビ」の運営をルーチン化し、不調者への対応をスムーズにする様式を、例として示します。
　各ページの下段に、使用する際の注意点を解説していますので、参照してください。

様式類の使い方

　ここで紹介する様式類は、産業医等の専門家が使うものが多く、その他は、不調者本人が記録等で使用するものと、人事担当者や管理職が記録するものの3種類です。
　これらの様式類を作成・利用するのは、対応を標準化し、作業を簡略化できるメリットがあるからです。記録するにせよ、説明や通知に利用するにせよ、決めたことを漏れなく実行するのに様式類は有効です。
　以下に示す様式類の一覧を、図表1-13に示しました。概要の理解のために、ざっと眺めてみてください。
　対応の流れの中で使用する順番に沿って、様式例の①から⑭の番号で示し、記録・利用するのが誰かを右側に示しました。同じ番号が繰り返し出てくるのは、流れにおける段階が違っても同じ様式を使うからです。
　産業医の取り扱う様式が最も多いのですが、記載後は個人情報（健康情報）管理の対象となるものが多いので注意してください。「産業医の役割決め」のステップで、そうした情報管理についてもよく話し合う必要があります。
　本書の様式類を活用する場合には、必要に応じて拡大して印刷するとよいでしょう。

図表1-13　各種様式類の分類

対応の流れ	記録=○ ・ 利用=●		
	不調の社員	職場側	産業医等
A．不調の把握			
①紹介状			○
②産業医面接の記録			○
③産業医意見書			○
B．療養、休職まで			
④休職願	○		
⑤休職通知・説明書		●	
C．回復し、復職を検討			
⑥療養記録表	○		
⑦復職願	○		
⑧試し出勤通知書		●	
⑨試し出勤願	○	○	
⑩試し出勤記録表	○	(○)	
⑪産業医の情報提供依頼書			○
③産業医意見書			○
⑫復職判定委員会議事録		○	
②産業医面接の記録			○
D．復職			
⑬復職通知書		●	
⑭産業医からの情報提供書			○
②産業医面接の記録			○
E．復職後			
②産業医面接の記録			○
③産業医意見書			○

❶ 不調者への対応ルールの策定

サンプル文書　様式類①　「紹介状」　　　　　　　　　　　　記録＝産業医

　　　　　　　　　　　ご紹介状　　　　　　　年　　　月　　　日

　　　　　病院・クリニック
　　　　　先生　御机下

　　　　　　　　　　　　　　　　　　　株式会社＊＊＊＊＊＊＊
　　　　　　　　　　　　　　　　　　　産業医（署名）　　　　　印
　　　　　　　　　　　　　　　　　　　TEL ＊＊-＊＊＊＊-＊＊＊＊

　下記の社員につき、ご高診をお願いいたします。その後に任意書式の情報提供依頼事項か診断書にて、情報提供及びご意見をいただければと思います。その際にいただいた情報は、本人の療養や復職を支援する目的のみに使用し、プライバシーに十分配慮しながら当方が責任を持って管理いたします。

　　　　　　　　　　　　　　　　　記
1　社員
　　　　氏名　　　　　　　　　　　　　（男・女）
　　　　生年月日　　　　　年　　　　月　　　　日

2　経過

3　情報提供依頼事項
　（1）　発症から初診までの経過
　（2）　ご診断（ICD10、DSM-IVないしDSM-Vによるもの）
　（3）　治療の状況
　（4）　現在の病状（業務に影響を与える症状および薬の副作用の可能性なども含めて）
　（5）　療養の要否ないし就業上の配慮に関するご意見
　（6）　その他

- -
（本人記入欄）
　私は上述の情報提供依頼書に関する説明を受け、＿＿＿＿＿先生による情報提供文書の作成ならびに産業医への提供について同意します。
　　　　　年　　　月　　　日
　　　　　　　　　　　　　氏名　　　　　　　　　　　　　　　印

解説

　紹介状の様式はこのまま、産業医の役割決めの際に使ってもらうように依頼すればよいでしょう。

1章●「メンヘル・ナビ」の第1ステップ

サンプル文書 様式類② 「産業医面接の記録」　　　記録＝産業医

産業医面接記録				
（初回日時）　　年　　月　　日　　産業医氏名：				
所属部署		職位		
氏名		生年月日	年　　月　　日（　　歳）	
^	^	性別	男　・　女	
問題点リスト 1） 2） 3） 4） 5）				
特記すべき既往歴・家族歴・生活歴等の情報 				

125

❶ 不調者への対応ルールの策定

※「産業医面接の記録」つづき

( ) 回目　　　年　　月　　日　　医師氏名：
S)
O)
A)
P)
人事への産業医意見書の提出（あり・なし） 　あриの場合には、本人の同意確認を含めて、以下に概要を記入
上司への状況等の説明（あり・なし） 　ありの場合には、本人の同意確認を含めて、以下に記入
その他の留意事項

（ⓒ亀田高志、健康企業、2018）

解説

　医師であれば、この様式の作法はよく理解しているはずです。産業医等との対話の際に、これを使ってもらうように依頼するとよいでしょう。

サンプル文書 様式類③ 「産業医意見書」　　記録＝産業医

　　　　　　　　　　　　　　　　　　　　　　　　　　年　　月　　日
　　　　　　　　　　産業医意見書
人事部御中

　就業上の配慮事項に関して、以下のように判断したので産業医意見としてお知らせします。記述した期間とその内容に従って就業配慮を継続してください。

　　　　　　　　　　　　産業医　　　　　　　　　　　　　　　　　印

所属部署 職位		年齢	年　　月　　日生 （　　歳）
氏名		性別	男　・　女

業務内容

健康状態

産業医による対応（上司との協議内容も含む）

〈就業上の配慮を行うことが望ましい内容〉　＊数字に○をして必要事項も記述する。
1. 通常の就業が可能で配慮の必要はない
2. 試し出勤
　　　　a. 開始（期間：　　年　　月　　日　～　　年　　月　　日）
　　　　b. 延長（期間：　　年　　月　　日　～　　年　　月　　日）
3. 復職判定委員会を行う必要がある
4. 条件付で就業可能である（期間：　　年　　月　　日　～　　年　　月　　日）
　　　　a. 作業制限　（　　　　　　　　　　　　　　　　　　　　　）
　　　　b. 残業禁止　（　　　　　　　　　　　　　　　　　　　　　）
　　　　c. 残業制限　（　　　　　　　　　　　　　　　　　　　　　）
　　　　d. 出張制限　（　　　　　　　　　　　　　　　　　　　　　）
　　　　e. その他　　（　　　　　　　　　　　　　　　　　　　　　）
5. 就業不可である（期間：　　年　　月　　日　～　　年　　月　　日）
6. 特に留意すべき点

7. 次回の面接予定日時
　　　　　　年　　月　　日　　時　　分から

解説

　産業医意見書のフォーマットは、厚生労働省によるガイドライン（職場復帰支援の手引き等）でも示されています。この様式には、各選択肢の期間が含まれていて、次回の面接の日程を決めて、措置内容の更新も同じ様式でできるようにしています。

❶ 不調者への対応ルールの策定

サンプル文書 様式類④ 「休職願」　　　　**記録** ＝ 不調の社員

株式会社＊＊＊＊＊＊人事部　あて						
休職願（病気による場合） 年　　月　　日							
所属		職位				
氏名	印	生年月日 年齢	年　　月　　日 （　　歳）		
		性別	男　・　女		
休職期間	年　月　日から　　年　月　日まで					
届出の理由（詳細に）							
添付診断書							
主治医名：							
医療機関名：							
記載日　：　　　　年　　　月　　　日							

解説

　この様式以外でも、自社等の育児・介護等の願（届）と同様のものを用いても構わないでしょう。この様式のポイントは、病気の届け出の理由の記述と診断書の添付を求めている点です。

1章●「メンヘル・ナビ」の第1ステップ

サンプル文書 様式類⑤ 「休職通知・説明書」　　利用＝会社側

　　　部　　　　課
　　　　　　　殿

　　　　　　　　　　　　　　　　　　　　　株式会社＊＊＊＊＊＊＊＊
　　　　　　　　　　　　　　　　　　　　　　　　　　　　　人事部

休職通知・説明書

　主治医による診断書と産業医意見書に基づき、以下のとおりに休職を命じます。休職中のご自身の対応としては、下記事項をご確認ください。

1．休職期間
　　　　　　年　　月　　日　～　　　　年　　月　　日

2．休職期間満了日
　　　　　　年　　月　　日（就業規則＊＊条）

3．休職中の収入について
　① 会社から給与の支給がない場合には健康保険より傷病手当金が受給できます。
　② 傷病手当金の受給は健康保険法に基づき最初に受給した日から最大1年6カ月で終了となります。手続き等の詳細は健康保険組合にお問合せください。

4．休職中の対応
　① 休職期間中に回復が得られず、上記の休職期間の延長が必要な場合には、休職延長期間の目安が記載された主治医による診断書を人事部に再度、提出してください。
　② 一人暮らしの場合で、長期療養となる際は、可能なら実家に戻り、同居家族の支援が受けられる環境で療養してください。
　③ 休職中、弊社の産業医や看護職へ相談したいことがあれば、ご相談ください。面談の日程は人事部にて調整しますのでご連絡ください。

5．復職手続き
　① 体調が回復し、復職を希望する場合は「療養記録表」（別添）に毎日の様子を記録してください。
　② そのうえで、「復職願」と主治医による「復職可能と記載された診断書」とともに人事部あてに郵送してください。
　③ 書類到着後、人事部から対応について、電話で連絡いたします。書類到着から復職手続きまでは約1カ月程度は必要とお考えください。

6．上記の対応に関する問合せ先
　① 人事部　担当者　　　　　　　電話番号　＊＊＊-＊＊＊＊-＊＊＊＊
　② ＊＊部　＊＊＊＊課長（上司）電話番号　＊＊＊-＊＊＊＊-＊＊＊＊

解説

　こうした様式を決めておくと、不調者に対する説明を標準化でき、対応を統一できます。なお、傷病手当金の説明を入れておくと、そうした経験がない不調者には親切なものになるでしょう。

❶ 不調者への対応ルールの策定

サンプル文書 様式類⑥「療養記録表」　　　　　　記録＝不調の社員

療養記録表

所属：＿＿＿＿＿＿＿＿＿＿＿＿＿

氏名：＿＿＿＿＿＿＿＿＿＿＿＿＿

A 良い　B 普通　C 悪い　a 実施　b 未実施　（いずれかに○）（　　年　　月）

週	月	火	水	木	金	土	日
第1週 日付 ＿／＿ 〜 ＿／＿	体調 A B C リズム A B C 計画 a b 実行 a b	体調 A B C リズム A B C 計画 a b 実行 a b	体調 A B C リズム A B C 計画 a b 実行 a b	体調 A B C リズム A B C 計画 a b 実行 a b	体調 A B C リズム A B C 計画 a b 実行 a b	体調 A B C リズム A B C 計画 a b 実行 a b	体調 A B C リズム A B C 計画 a b 実行 a b
第2週 日付 ＿／＿ 〜 ＿／＿	体調 A B C リズム A B C 計画 a b 実行 a b	体調 A B C リズム A B C 計画 a b 実行 a b	体調 A B C リズム A B C 計画 a b 実行 a b	体調 A B C リズム A B C 計画 a b 実行 a b	体調 A B C リズム A B C 計画 a b 実行 a b	体調 A B C リズム A B C 計画 a b 実行 a b	体調 A B C リズム A B C 計画 a b 実行 a b
第3週 日付 ＿／＿ 〜 ＿／＿	体調 A B C リズム A B C 計画 a b 実行 a b	体調 A B C リズム A B C 計画 a b 実行 a b	体調 A B C リズム A B C 計画 a b 実行 a b	体調 A B C リズム A B C 計画 a b 実行 a b	体調 A B C リズム A B C 計画 a b 実行 a b	体調 A B C リズム A B C 計画 a b 実行 a b	体調 A B C リズム A B C 計画 a b 実行 a b
第4週 日付 ＿／＿ 〜 ＿／＿	体調 A B C リズム A B C 計画 a b 実行 a b	体調 A B C リズム A B C 計画 a b 実行 a b	体調 A B C リズム A B C 計画 a b 実行 a b	体調 A B C リズム A B C 計画 a b 実行 a b	体調 A B C リズム A B C 計画 a b 実行 a b	体調 A B C リズム A B C 計画 a b 実行 a b	体調 A B C リズム A B C 計画 a b 実行 a b

〈療養記録表の記録方法〉
復職を考えられる体調になってから、4週間記載してください。
以下の説明や例に従って、毎日、該当すると思うものに、○をしてください。
(体調)
 A 良い：自覚的な体調がよいと感じられ、気持ちも前向きで気力があると感じられる。
 B 普通：体調はそれほどよくないが、気持ちが前向きで普通に過ごすことができる。
 C 悪い：体調が悪く、横になりたいと思ったり、気力が出ないと感じる。
(リズム)
 A 良い：早朝に無理なく起床し、昼に眠気がなく、夜11時前後には就寝が確実である。食事も3度きちんと取れる。
 B 普通：朝には起床できるが、昼に眠気が強い。夜11時前後には就寝できる。食事は規則正しいが、2度になることも含む。
 C 悪い：朝起きることができず、昼寝をしてしまう。夜には不眠が強く、しばしば起きている。食事は不規則である。
(計画)
 a 実施：前日ないし当日朝に復職に向けて、読書や運動、図書館に行くなどのスケジュールが立てられる。
 b 未実施：その日、どのように過ごすのかが決まっていない。
(実行)
 a 実施：予定していた読書や運動、図書館に行くなどの行動が8割以上実行できていると感じられる。
 b 未実施：読書や運動、図書館に行くなどの予定があまり実行できなかった。

(©亀田高志、健康企業、2018)

解説

療養記録表の書き方の説明を付けています。その方法に従って、4週間分の記載を行うよう本人に勧めるのがよいでしょう。これらの項目が良好であれば、復職と考えてよい段階であると共通認識を持ちましょう。

❶ 不調者への対応ルールの策定

サンプル文書 様式類⑦ 「復職願」　　　　　**記録**＝不調の社員

株式会社＊＊＊＊＊人事部　あて

復職願（病気による場合）

年　　　月　　　日

所属		職位	
氏名	印	生年月日 年齢	年　月　日（　歳）
		性別	男　・　女
復職希望日	年　　月　　日		
休職期間	年　月　日から　　年　月　日まで		

届出の理由（詳細に）

添付診断書について

主治医名:

医療機関名:

記載日：　　　　　年　　　月　　　日

病名 1） 2） 3） 4）	産業医との面接希望日 年　　月　　日頃

上司の確認・意見

（上司の署名）　　　　　　　　　印

※復職を希望する場合は、この復職願に必ず主治医の診断書と療養記録表を添付して提出し、その後に産業医の面接を受けること。

解説

　この復職願を使うと、産業医との面接が自動的にスケジュールされるようになります。この復職願の提出時には、主治医による復職可能との診断書と療養記録表を添付することが必要です。

サンプル文書 様式類⑧ 「試し出勤通知書」　利用＝会社側

　　　　　　　　　　　　　　　　　　　　　　　　　　　年　　月　　日
　　　　部　　　　課
　　　　　　　　　　殿
　　　　　　　　　　　　　　　　　　　　　　　　株式会社＊＊＊＊＊＊＊＊
　　　　　　　　　　　　　　　　　　　　　　　　　　　　　　　　人事部

試し出勤通知書

　会社は、試し出勤が必要と判断しましたので、下記の要項にて試し出勤を行います。必要事項を確認してください。試し出勤期間中には別添の「試し出勤記録表」に記入して、週ごとに所属長の確認を受けてください。

試し出勤期間
年　　月　　日　～　　　年　　月　　日迄の　　週間
勤務時間
月　　日（　）～　　月　　日（　）迄　午前8時30分～午後3時30分迄の6時間 　月　　日（　）～　　月　　日（　）迄　午前8時30分～午後5時30分迄の8時間
試し出勤中の配属部署
業務内容 　1． 　2．
給与について
試し出勤中の留意点 　① 時間厳守 　② 原則、きちんと出勤すること。もし体調不良で休む場合は必ず始業時間前に上司に連絡すること。この点は、正式復職の判断基準と致します。
試し出勤中に下記日程で産業医の診断を必ず受けてください。 　①　　月　　日（　）　　　　　時から
正式復職について 　産業医の医学的な意見と試し出勤中の勤務状況を検討し復職可能かの判断をします。
試し出勤延長について 　4週間の試し出勤の経過を判断し、正式復職可能かの判断がつかない場合には、最大4週間を限度に試し出勤の延長をすることがあります。
復職後 　指示された配属先で業務にあたってください。但し復職後、＊＊カ月以内に同種の病気で再度休職となった場合は最初の休職期間からの通算となります。

　　　説明者（人事担当者）　　　氏名　＿＿＿＿＿＿＿＿＿＿＿＿＿＿＿

　私は、試し出勤内容についての説明を受けました。

　　　確認者（本人）　　　　　　氏名　＿＿＿＿＿＿＿＿＿＿＿＿＿＿＿

解説

　この様式を利用して試し出勤を通知し、本人に説明すれば、漏れがなく、正確な理解ができて、同意を得やすいでしょう。

❶ 不調者への対応ルールの策定

サンプル文書 様式類⑨ 「試し出勤願」　　記録＝不調の社員・上司

人事部　御中

試し出勤願

　復職にあたり、以下の期間、試し出勤制度に基づき、試し出勤を行えるようお取り計らいください。
　尚、同実施期間については、就業規則に定められた給与の取り扱いに関して、了承いたします。

　　　　　年　　　月　　　日　〜　　　年　　　月　　　日

　　　　　年　　　月　　　日

　　　（本　人）
　　　　氏名　　　　　　　　　　　　　　　　　印

　　　（上　司）
　　　　氏名　　　　　　　　　　　　　　　　　印

解説

　試し出勤は会社判断で命じるものですが、不調者本人と受け入れ側の上司が同意したら、その同意の意思表示として、この試し出勤願を提出するよう勧めるとよいでしょう。

1章 ●「メンヘル・ナビ」の第1ステップ

サンプル文書 様式類⑩ 「試し出勤記録表」 **記録** ＝不調の社員（一部上司）

試し出勤記録表

氏名：＿＿＿＿＿＿＿＿＿＿＿＿＿＿＿＿

A 良い　B 普通　C 悪い　a 実施　b 未実施　（いずれかに○）

週	月	火	水	木	金	土	日
第1週 日付 ／ 〜 ／ 上司確認 （印）	体調 A B C リズム A B C 計画 a b 実行 a b	体調 A B C リズム A B C 計画 a b 実行 a b	体調 A B C リズム A B C 計画 a b 実行 a b	体調 A B C リズム A B C 計画 a b 実行 a b	体調 A B C リズム A B C 計画 a b 実行 a b	体調 A B C リズム A B C 計画 a b 実行 a b	体調 A B C リズム A B C 計画 a b 実行 a b
第2週 日付 ／ 〜 ／ 上司確認 （印）	体調 A B C リズム A B C 計画 a b 実行 a b	体調 A B C リズム A B C 計画 a b 実行 a b	体調 A B C リズム A B C 計画 a b 実行 a b	体調 A B C リズム A B C 計画 a b 実行 a b	体調 A B C リズム A B C 計画 a b 実行 a b	体調 A B C リズム A B C 計画 a b 実行 a b	体調 A B C リズム A B C 計画 a b 実行 a b
第3週 日付 ／ 〜 ／ 上司確認 （印）	体調 A B C リズム A B C 計画 a b 実行 a b	体調 A B C リズム A B C 計画 a b 実行 a b	体調 A B C リズム A B C 計画 a b 実行 a b	体調 A B C リズム A B C 計画 a b 実行 a b	体調 A B C リズム A B C 計画 a b 実行 a b	体調 A B C リズム A B C 計画 a b 実行 a b	体調 A B C リズム A B C 計画 a b 実行 a b
第4週 日付 ／ 〜 ／ 上司確認 （印）	体調 A B C リズム A B C 計画 a b 実行 a b	体調 A B C リズム A B C 計画 a b 実行 a b	体調 A B C リズム A B C 計画 a b 実行 a b	体調 A B C リズム A B C 計画 a b 実行 a b	体調 A B C リズム A B C 計画 a b 実行 a b	体調 A B C リズム A B C 計画 a b 実行 a b	体調 A B C リズム A B C 計画 a b 実行 a b

❶ 不調者への対応ルールの策定

※「試し出勤記録表」つづき

〈試し出勤記録表の記録方法〉
以下の説明や例に従って、毎日、該当すると思うものに、○をしてください。
（体調）
　A　良い：自覚的な体調がよいと感じられ、気持ちも前向きで気力があると感じられる。
　B　普通：体調はそれほどよくないが、気持ちが前向きで普通に過ごすことができる。
　C　悪い：体調が悪く、横になりたいと思ったり、気力が出ないと感じる。
（リズム）
　A　良い：早朝に無理なく起床し、通常の勤務時間に出勤するのに支障がない。昼に眠気がなく、夜11時前後には就寝が確実である。食事も3度きちんと取れる。
　B　普通：朝には起床できるが、昼に眠気が強い。一応、通常の勤務時間に遅れない。夜11時前後には就寝できる。食事は規則正しいが、2度になることも含む。
　C　悪い：朝起きれず、出勤時間に遅れたり、昼寝をしてしまう。夜には不眠が強く、しばしば起きている。食事は不規則である。
（計画）
　a　実施：その日、上司から指示された業務が決められているか、自身で時間ごとに計画した作業がある。
　b　未実施：その日、どのように過ごすのかが決まっていない。
（実行）
　a　実施：計画していたスケジュールや業務・作業が8割から9割がた終了できた。
　b　未実施：計画していたスケジュールや業務があまり進まず、7割以下しか終わらなかった。
＊計画がb（未実施）の場合には記入しなくてもよい。

（©亀田高志、健康企業、2018）

解説
　この様式は、⑥の「療養記録表」とほぼ同じです。不調者本人が毎日終業前に記録を付けます。上司は週の終わりに本人が状況を正確に記録しているかを確認し、押印します。修正や加筆が必要であれば、上司が本人の記述に追記してもよいでしょう。

サンプル文書 様式類⑪ 「産業医の情報提供依頼書」　　記録＝産業医

年　　　月　　　日

復職に関する情報提供依頼書

　　病院・クリニック
　　先生　御机下

　　　　　　　　　　　　　　　　　　　　株式会社＊＊＊＊＊＊＊
　　　　　　　　　　　　　　　　　　　産業医（署名）　　　　印
　　　　　　　　　　　　　　　　　　　TEL＊＊-＊＊＊＊-＊＊＊＊

　下記の社員の復職に際し、以下の情報提供依頼事項について情報提供ください。また、弊社内での対応につき、専門的な見地から、ご意見をいただければと存じます。なお、いただいた情報は、本人の復職を支援する目的のみに使用し、プライバシーには十分配慮しながら産業医が責任を持って管理いたします。

　　　　　　　　　　　　　　　記

1　社員

　　　氏名　　　　　　　　　　　　（男・女）

　　　生年月日　　　年　　　月　　　日

2　情報提供依頼事項

　　(1)　療養中の経過
　　(2)　治療の経過
　　(3)　現在の状態（業務に影響を与える症状および薬の副作用の可能性なども含めて）
　　(4)　ご診断（ICD10、DSM-IVないしDSM-Vによるもの）
　　(5)　就業上の配慮に関するご意見
　　(6)　その他

（本人記入）私は本情報提供依頼書に関する説明を受け、＿＿＿＿＿＿＿先生による情報提供文書の作成ならびに産業医への提供について同意します。
　　　　　　　年　　　月　　　日
　　　　　　　　　　　　氏名　　　　　　　　　　　　　　　　　印

解説

　先の紹介状も同様ですが、医師同士の情報交換であるために、DSM-IVやV、あるいはICD10といった国際的な診断コードを教えてほしいという内容が含まれています。得られた正確な診断コードから、専門外であっても産業医はどのような注意点があるのかを把握しやすく、人事担当者や管理職への助言・指導を行いやすくなります。

❶ 不調者への対応ルールの策定

サンプル文書 様式類⑫ 「復職判定委員会議事録」　　記録＝会社側

復職判定委員会議事録

人事部

社員氏名	職場名・職位
判定委員会実施日時	年　　　月　　　日 時　　分〜　　時　　分

出席者（※出席した者の数字に○をして、氏名を記入する）
1）人事部長　　：
2）人事課長　　：
3）管理職1（直属上司）　：
4）管理職2（直属部門長）　：
5）産業医　　：
6）その他（人事部長が認めた場合）　：

決定事項

1．通常の就業が可能で配慮の必要はない

2．試し出勤
　　a．開始（期間：　　年　　月　　日〜　　年　　月　　日）
　　b．延長（期間：　　年　　月　　日〜　　年　　月　　日）

3．条件付で就業可能である
　　（期間：　　年　　月　　日〜　　年　　月　　日）
　　a．作業制限（　　　　　　　　　　　　　　　　　　　　　）
　　b．残業禁止（　　　　　　　　　　　　　　　　　　　　　）
　　c．残業制限（　　　　　　　　　　　　　　　　　　　　　）
　　d．出張制限（　　　　　　　　　　　　　　　　　　　　　）
　　e．その他　（　　　　　　　　　　　　　　　　　　　　　）

4．就業不可である（期間：　　年　　月　　日　〜　　年　　月　　日）

5．特に留意すべき点

解説
　この議事録の様式には、結果のみが記載される点に注意してください。

1章 ●「メンヘル・ナビ」の第1ステップ

サンプル文書 様式類⑬ 「復職通知書」　　　**利用** ＝ 会社側

復職通知書

　　　　　　　　　　　　　　　　　　　　　　　　　年　　　月　　　日

_____殿

　　　　　　　　　　　　　　　　　　　　　　　　　　　　　　人事部

標記について、復職と、復職後の就業配慮を下記のとおり決定したので通知します。

〈就業配慮内容〉
1．通常の就業が可能で配慮の必要はない

2．試し出勤
　　　a. 開始（期間：　　年　　月　　日　～　　年　　月　　日）
　　　b. 延長（期間：　　年　　月　　日　～　　年　　月　　日）

3．条件付で就業可能である（期間：　　年　　月　　日　～　　年　　月　　日）
　　　a. 作業制限（　　　　　　　　　　　　　　　　　　　　）
　　　b. 残業禁止（　　　　　　　　　　　　　　　　　　　　）
　　　c. 残業制限（　　　　　　　　　　　　　　　　　　　　）
　　　d. 出張制限（　　　　　　　　　　　　　　　　　　　　）
　　　e. その他　（　　　　　　　　　　　　　　　　　　　　）

4．就業不可である（期間：　　年　　月　　日　～　　年　　月　　日）

5．特に留意すべき点

解説

　「就業配慮内容」のところは、先の復職判定委員会の議事録、そして、産業医意見書と同じフォーマットになっています。共通点のある様式を用いることで、本人を含めた関係者の間で共通認識ができます。

❶ 不調者への対応ルールの策定

サンプル文書 様式類⑭ 「産業医からの情報提供書」　　記録＝産業医

年　　　月　　　日

復職および就業措置に関する情報提供書（ご報告）

　　　病院・クリニック
　　　先生　御机下

株式会社＊＊＊＊＊＊＊
産業医（署名）　　　　印
TEL ＊＊-＊＊＊＊-＊＊＊＊

　弊社の下記社員の今回の職場復帰においては、ご高診、ご加療を賜り、深く御礼申し上げます。弊社として、下記の内容の就業上の措置を図りながら支援していくこととなりましたので、ご報告申し上げます。
　今後ともどうぞよろしくお願い申し上げます。

記

氏名
生年月日　　　　　年　　　月　　　日　　　　　年齢　　　歳
性別　　　男　・　女

〈就業配慮内容〉
1. 通常の就業が可能で配慮の必要はないと判断しました。
2. 試し出勤
　　a. 開始（期間：　　年　　月　　日　～　　年　　月　　日）
　　b. 延長（期間：　　年　　月　　日　～　　年　　月　　日）
3. 条件付で就業可能（期間：　　年　　月　　日　～　　年　　月　　日）
　　a. 作業制限　（　　　　　　　　　　　　　　　　　　　　）
　　b. 残業禁止　（　　　　　　　　　　　　　　　　　　　　）
　　c. 残業制限　（　　　　　　　　　　　　　　　　　　　　）
　　d. 出張制限　（　　　　　　　　　　　　　　　　　　　　）
　　e. その他　　（　　　　　　　　　　　　　　　　　　　　）
4. 就業不可（期間：　　年　　月　　日　～　　年　　月　　日）
5. ご本人への対応に関して、職場で留意する点

解説

　この様式には、主治医から産業医が一方的に情報を得るだけではなく、産業医からも職場側の復職の判断や措置を主治医に説明してもらい、主治医との信頼関係を構築しようという狙いがあります。この点については、「職場復帰支援の手引き」の中でも「主治医との連携」として、重視されています。

5 対応ルールの完成イメージ

　就業規則、社内規程、様式類まで作成し、可能であれば対策の方針まで公表できると、不調者への対応ルールが完成したことになります。

　そのイメージは、図表1-14のようになります。

　なお、二次予防と四次予防のレールが短く不十分に見えますが、この点を充実させる工夫は4章で詳しく説明します。

図表1-14　「メンヘル・ナビ」の全体像（第1ステップ完了時）

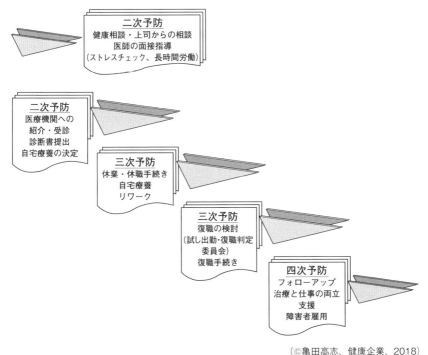

（©亀田高志、健康企業、2018）

2章

「メンヘル・ナビ」の第2ステップ
～産業医等の専門家との連携～

「メンヘル・ナビ」の四つのステップ

❶ 不調者への対応ルールの策定
❷ 産業医等の専門家との連携
❸ 管理職への周知
❹ 不調者への対応ルールの適用・運営

産業医等の四つの役割
1. 面接・面談による情報収集
2. 不調の医学的評価・判断
3. 専門医への紹介・情報交換
4. 人事担当者と管理職への助言・指導

❷ 産業医等の専門家との連携

　1章では不調者への対応ルールの策定の"レシピ"を詳しく説明し、サンプル文書を提示しました。
　この対応ルールを活用していくためには産業医等の専門家に「インテイク」「アセスメント」「リファー」そして「アドバイス」の四つの役割を担ってもらうことと、管理職がその趣旨を理解し、決められたルールどおりに行動してもらうことが大切です。
　この2章と次の3章で説明するのは、序章の「メンヘル・ナビ」の作り方・進め方（図表⑧）で示したように、作った"レール"の上を不調者がスムーズにたどっていける「傾き」を作る作業に当たります。そのことを意識しながら、読み進めていただくとよいでしょう。

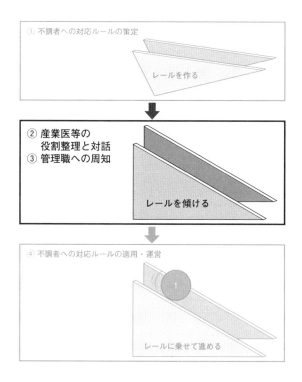

　「メンヘル・ナビ」を効果的に運営するには、医学的な専門家である産業医に、この四つの機能の意図を正しく理解してもらい、メンタルへ

ルス不調者への対応に協力してもらえるかが鍵になってきます。

本章では、理解しておくと役に立つ産業医の現状と、産業医等の専門家との対話のコツを、「メンヘル・ナビ」の"レシピ"として紹介します。

1 産業医等の専門家に期待する四つの役割

産業医等に担ってもらう四つの役割は、ここまで繰り返し説明してきたように、図表2-1の四つです。

図表2-1　産業医等に担ってもらう四つの役割

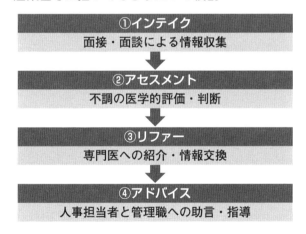

メンタルヘルス不調の未然防止を目指し、2015年12月に従業員50人以上の事業場に対してストレスチェック制度が義務付けられました。この中で、産業医等の医師は次の二つの役割を期待されています。
①実施者として制度運営に関する助言指導を行い、個々の受検者の結果の評価・判定を担う
②10％程度と見込まれる高ストレス者に対し、医師の面接指導を通じて、不調の未然防止や早期発見を行う

❷ 産業医等の専門家との連携

図表2-2　ストレスチェック後の面接指導で産業医等の医師が行うこと

①インテイク：面接・面談による情報収集
- 確認内容：高ストレスの結果と内容、定期健康診断結果、労働時間等の情報
- 聴取する内容：自覚症状、職場のストレスの状況、過去の病気、生活習慣等

②アセスメント：不調の医学的評価・判断
- うつ病等の有無の大まかな診立て
- 専門医への紹介の要否の判断

③リファー：専門医への紹介・情報交換
- もしも、うつ病等を疑い、専門医への紹介が必要だと考えるなら、外部医療機関への受診を本人に勧め、紹介状を用意する

④アドバイス：人事担当者と管理職への助言・指導
- 医師の面接指導の結果、残業制限、残業禁止や出張制限等の就業上の措置が必要であることを、産業医の意見として伝える

　このうち、ストレスチェック制度における医師の面接指導の場面を想定してみると、ここで強調したい四つの役割がどのようなものか、理解しやすいと思います（図表2-2）。このように整理すれば、医学的な専門家ではない人事担当者でも、産業医等の専門家に、不調者に対して何をしてもらえばよいのか、イメージがつくと思います。

　産業医を含めて医師は、病院やクリニックにおいて患者がいかなる病気を持つのかを診断し、手術や薬剤を用いて治療を行うのが専門です。この中で産業医が行う四つの役割は、医師がクリニックや病院の中で行っている診療とは異なるということを、産業医自身が理解していないことがあります。

　「インテイク」は、医師による「問診」に似ていますが、その内容が

職場中心となっている点でかなり違います。また、「アセスメント」は、不調があるかないかと、精神科への紹介の要否を見ているだけであり、治療を前提とした細かな「診断」とは大きく違います。

医師は自ら「治療」を行うのが基本ですが、「メンヘル・ナビ」では外部の精神科の専門医に最初から委ねる前提であるため、ここで言う「リファー」は「診断」と「治療」をいわば丸投げするのと同じことです。

そして、「アドバイス」は、患者やその家族に対してではなく、人事担当者や上司である管理職が相手となります。主治医との書面のやり取りの結果、得た情報を翻訳・加工して人事担当者や上司に説明する役割が、アドバイスに含まれます。

2 メンタルヘルス不調への対応は産業医の専門ではない

産業医さえ雇えばこれらの四つの機能を担ってもらえるのかというと、なかなかそうはいきません。

そもそも、従業員50人以上規模の事業所であれば産業医を選任しなければならないはずですが、産業医の選任もままならない企業は少なくありません。厚生労働省調査では、全体として86.5％の事業場にしか産業医がいないことが分かっており、産業医を選任している事業場であっても、メンタルヘルスに関する相談ができているのは、そのうちの34.9％にすぎません。特に中堅・中小企業では、産業医にメンタルヘルス不調等の相談ができている事業場が極めて少ないことが分かります。

なぜこのような状況なのかというと、まず産業医の資格を持つ医師の中で、メンタルヘルス対策に直結する専門性を持つと考えられる精神科医は５％弱しかいないことが理由の一つとしてあります（日本医師会「産業医活動に対するアンケート調査」2015年９月）。

精神科医ではない産業医は、メンタルヘルス不調は専門外だと捉えて

❷ 産業医等の専門家との連携

いることから、メンタルヘルス不調者と面接してほしいと言われても、拒否するケースが少なくありません。

また、産業医となるためには、医師会が運営・管理あるいは委託する50時間の講義と実習を経なければなりませんが、メンタルヘルスに関する必須講義はこのうちのわずかです。

以上のような背景から、産業医は必ずしもメンタルヘルス不調の対応に長けているわけではないのです。「メンヘル・ナビ」で大切な四つの役割を担ってもらう際には、こうした事実を踏まえて臨むのがよいでしょう。

3 行政施策で注目される産業医とその実態

一方で厚生労働省は、働き方改革とも連動しながら、メンタルヘルス対策と長時間労働対策を軸に産業医の職務と権能を強化しつつあります。

これには、メンタルヘルス不調の増加や過重労働により、過労死や過労自殺、あるいはそれらにつながる心身の病気や障害を負う人が後を絶たない状況があるのです。

長時間労働者で、疲労の蓄積が著しい者から希望があった場合にストレスチェックの事後措置と同じような医師の面接指導を実施することで、過労死やそれに準じる病気や障害を防止するほか、メンタルヘルス不調の未然防止や早期発見を行う効果が期待されています。ちなみに、メンタルヘルス不調の未然防止については本書で取り上げていませんが、これは予防医学の4段階における一次予防に当たります。

事業者には、2017年6月からは長時間労働を行った従業員の氏名やその労働時間の状況を毎月、産業医に報告する義務が定められています。加えて、厚生労働省による「第13次労働災害防止計画」でも、産業医等による健康相談の強化とともに産業医の質と量の確保を目指すことが謳

われています。この健康相談では、不調の早期発見が意図されていると思います。このように行政、特に管轄省庁である厚生労働省は、産業医の役割に注目しています。

しかしながら、こうした行政の意向に産業医側が必ずしも応えていないのが実態ですので、このような前提に立って、四つの機能をいかに果たしてもらうかに取り組む必要があります。

4 選任している産業医との対話

すでに産業医を選任しているのであれば、メンタルヘルス不調への対応ルールを適用するために、インテイク、アセスメント、リファーそしてアドバイスの四つの役割を担ってもらうよう対話の機会を設けましょう。その際に伝えたいポイントは、次の三つです。

1 四つの役割を対話でどのように伝えるか

産業医への説明・お願い事項

- ◆メンタルヘルス不調者が増加する現状に問題意識を持ち、人事部門として、しっかりとした対策を行うために就業規則を改定し、社内規程を策定して対応ルールを定めた。
- ◆この対応ルールは、厚生労働省による「メンタルヘルス指針」や「職場復帰支援の手引き」を参照して、「職場復帰支援プログラム」に相当するものである。
- ◆同じく政府と厚生労働省が進めている「治療と仕事の両立支援」と「事業場における治療と職業生活の両立支援のためのガイドライン」も意識している。
- ◆規程の一部として、不調者への詳細な流れに沿って、「休業・復職手続き表」を作成した。

❷ 産業医等の専門家との連携

◆不調者への対応では、次の四つのことを重点的に実施してほしいと考えている。
- 面接・面談による情報収集（インテイク）
- 専門医受診の要否の評価（アセスメント）
- 専門医への紹介（リファー）
- 人事担当者と上司となる管理職への助言・指導（アドバイス）

なお、インテイク・アセスメント・リファー・アドバイスの四つは、あまり医療の現場で医師が使う言葉ではないため、産業医である医師には、これらを使わず、次のように説明するとよいでしょう。

1. 「まず、従業員との面接や面談で情報収集してください」
2. 「精神科のクリニックにご紹介いただく必要性があるかどうかを診てください」
3. 「もしも、その必要があったら、お心当たりの精神科をご紹介ください」
4. 「その上で、私（人事担当者）と上司である管理職に、その従業員を休ませたほうがよいか、ご指導ください」

2　同意・了承が得られたら、各段階での対応を説明する

一方的に拒否をされるようではなかったら、「5人の関係者がなすべきこと」（86ページ～）で説明した不調者への対応の各段階に沿って、四つの役割の流れを少し詳しく説明してみましょう（図表2-3）。

図表2-3　産業医に依頼する四つの役割

時間経過・段階	産業医への説明事項
不調の把握 (早期発見 ＝二次予防)	①面接・面談による情報収集 ②専門医受診の要否の評価 ③以下も関連して実施する 　a　従業員からの健康相談 　b　定期健康診断後の保健指導 　c　医師の面接指導（ストレスチェック受検後、ないし長時間労働の後） ④専門医に紹介・ないし状況を照会する
療養、休職まで (三次予防)	⑤人事からの求めに応じて診断書の内容を確認する ⑥必要な場合には産業医意見を提出する ⑦依頼に応じて、経過観察の面接を継続する
回復し、復職を検討	⑧復職願と診断書、療養の記録を確認する ⑨不調の医学的評価・判断 　● 不調者と面接して、回復の状態を評価する 　● 試し出勤中の評価を行う ⑩主治医との情報交換 ⑪人事担当者と管理職への助言・指導 　● 必要に応じて、復職判定委員会に参加する 　● 産業医意見を人事担当者と管理職に提出する
復職	（上司、本人等から相談があれば対応する）
復職後	⑫復職後の医学的評価・判断 　● 体調や通院・治療の継続状況を確認する ⑬主治医との情報交換 　● 事例性の再燃や再発を疑う場合 ⑭人事担当者と管理職への助言・指導 　● 産業医意見を人事担当者と管理職に提出する

❷ 産業医等の専門家との連携

3　反対・異論がなければ各種様式類を説明する

　以上の説明に対して、産業医から同意が得られるか、特に難色を示すことがなければ、作成していた様式類を手渡し、「先生の作業を手間なくできるよう、様式を作ってみました。よろしければ、これをお使いください。また、何か変更すべき点がありましたら、おっしゃってください」と伝えましょう。

　その際に手渡しする様式は、様式類の使い方の「各種様式類の分類」（123ページ図表1-13）の一部になります。抜粋したものを図表2-4に示しましたが、産業医が使わなくても関係がありそうな様式（⑥～⑧）も手渡して一緒に見てもらってもよいと思います。

　このような様式類が整備されていると、産業医としても負担が軽く感じられ、協力してもらいやすいでしょう。

　「療養記録表」や「試し出勤記録表」は、体調が不十分なままでの早過ぎる復職を防ぎ、主治医からの診断書だけではなく職場側の視点で就労能力を確認するための手続きとなっていることを示すほか、試し出勤を復職後（あるいは仮復職）の扱いとしているなら、その点も説明しましょう。

　専門医（主治医）への紹介状や情報提供書のやり取りを通じて、医師同士の良好な関係を維持してほしいということも職場側としてお願いしたいと伝えましょう。

図表2-4　産業医に手渡しする各種様式類の分類

対応の流れ	記録＝○ ・ 利用＝●		
	不調の社員	職場側	産業医等
A．不調の把握			
①紹介状			○
②産業医面接の記録			○
③産業医意見書			○
C．回復し、復職を検討			
⑥療養記録表	○		
⑦復職願	○		
⑩試し出勤記録表	○	(○)	
⑪産業医の情報提供依頼書			○
③産業医意見書			○
⑫復職判定委員会議事録		○	
②産業医面接の記録			○
D．復職			
⑭産業医からの情報提供書			○
②産業医面接の記録			○
E．復職後			
②産業医面接の記録			○
③産業医意見書			○

❷ 産業医等の専門家との連携

5 拒否された場合の対応

　こうして誠実に説明しても、「専門外なので無理だ」という理由で拒否されてしまう場合があるでしょう。しかしながら感情的になることなく、その産業医の心配や懸念を次のように尋ねてみるとよいと思います。
「メンタルヘルスの対応はなさりたくないというお気持ちは分かりました。差し支えなければ、専門外だという以外に理由がおありか、それが何なのかをお聞かせいただけないでしょうか」
　その答えとして出てくる可能性があるのが、対応している不調者に自殺や自殺未遂が起きた場合、あるいは医師の面接指導を行った後に、「不調を見逃したのではないかと、後で本人や家族から訴えられるのではないか」という心配です。
　そこで、こうした心配を軽減できる損害賠償保険を、日本医師会では会員の医師に提供しています。

- 日本医師会医師賠償責任保険制度の産業医・学校医等の医師活動賠償責任補償　Ａ会員
　　https://www.med.or.jp/nichiionline/article/004520.html

　他にも医師会向けの損害保険が少しずつ販売されているようですから、すでに加入している保険がある場合を含めて、その保険料の負担を申し出る等して、そうした心配を解消したいという意思表示をしてみてもよいでしょう。トラブルになった場合は、自社が前面に立ち、その解消に当たるという方針を産業医に約束することもできます。
　クリニックや病院で働く医師の多くは、患者や家族からのクレームやトラブルを経験していることも理解して、より良好な関係づくりに努めてください。

6　他の産業医や専門家を探すこと

　このように誠意を込めて説明しても、メンタルヘルス不調への対応をどうしても担ってもらえない、同意してもらえないケースのほか、従業員50人未満の事業場で、そもそも産業医を選任していない場合もあるでしょう。

　このように四つの役割を担ってくれる産業医が確保できない場合への対応も、「メンヘル・ナビ」の"レシピ"に含まれます。

　第一のオプションとして、新たな産業医を探すという方法があります。あるいは、今の産業医は身体問題の専門ということにして、精神科でなくとも不調者への対応に協力してくれる別の産業医を追加することもできます。その場合には、次のような選択肢があります。

メンタルヘルス対応を依頼できる産業医を探す方法

- 都道府県に設置されている産業保健総合支援センターに相談
- 郡市医師会に併設されている産業保健総合支援センター地域窓口（地域産業保健センター）に相談
- 健康診断を発注している機関に相談
- 産業医実務や紹介サービスを行っている企業等に照会
- 人材ビジネスを主たる業務としている企業に照会
- メンタルヘルス相談機関（EAP・従業員支援プログラム）に照会
- 地域の医師（開業医や勤務医）をネットや口コミで探す

　これがベストであるという選択肢はありません。予算を含め、自社の状況や地域等に合わせて、地道に探すしかありません。

　産業医を専門にしている医師や産業医もできる精神科医は全国で1000人に満たないのですが、そうした医師に依頼する場合には、顧問料に加えて、1時間当たり5万円以上が必要になることも少なくありません。

　内科や外科のような専門を持ち、自由になる時間を使って産業医を引

❷ 産業医等の専門家との連携

き受ける医師の場合には、病院の当直やクリニックの外来アルバイトの金額（時給１万5000円から２万円以上）を想定するとよいと思います。

　健康診断を発注している医療機関や健診機関、メンタルヘルス相談機関の医師に産業医を頼む場合、産業医自体のコストは少なくて済むものの、その機関と健康診断やメンタルヘルス相談の契約をしていることが前提となります。

　これらには地域差があり、また、実働とは別に顧問料のような形の追加料金を要求される場合もあります。人事担当者としては高額に感じられるかもしれませんが、自社等の都合を考慮して検討しましょう。

　不調者の発生頻度は、休職に至る人が100人に１人、復職後の人を含めると100人に３〜５人くらいと見込んだ上で必要な時間数を算定して、産業医等の専門家の時間枠を想定するとよいでしょう。

　なお、従業員50人未満の事業場では、産業医の選任に対して、厚生労働省の関連団体である労働者健康安全機構の助成金を受けられる可能性があります。もしも社会保険労務士と顧問契約をしているなら、下記Webサイトの情報について相談をし、産業医を選任した際に活用するとよいと思います。

【小規模事業場産業医活動助成金】
https://www.johas.go.jp/sangyouhoken/tabid/1162/Default.aspx
労働者健康安全機構　産業保健・賃金援護部 産業保健業務指導課
電話番号：全国統一ナビダイヤル　0570−783046
受付時間：平日９時〜12時、13時〜18時
　　　　　（土曜・日曜・祝日・12月29日〜１月３日：休み）

　それでも産業医がメンタルヘルス不調に対応してくれない、あるいはどうしても代替の医師を見つけることができないのであれば、四つの役割を果たすことのできる心理カウンセラーや保健師、看護師を活用することも可能です。

アメリカ式のEAPコンサルタントのトレーニングを受けたカウンセラーや、職場の健康管理に精通した看護職であれば、四つの役割の意図をしっかりと理解し、不調者の対応を担ってくれます。

　そのほか、ストレスチェック制度の実施者を担うことができる、精神保健福祉士の資格を持ちながら、職場のメンタルヘルスに詳しい人も候補になります。

　スキルと経験があって、メンタルヘルス不調への対応に積極的ではない産業医ともうまく連携し、自身の「インテイク」や「アセスメント」の結果を共有しながら、「リファー」を産業医に頼み、収集された情報から人事担当者や管理職に「アドバイス」してくれる専門家や産業医と対話して意見書まで書いてもらえる人もいます。

　これらの専門家はまだ少数派ですが、健康診断を委託している機関やメンタルヘルス相談機関等に照会してみてもよいでしょう。

7 産業医等の専門家に理解してもらうこと

　選任されている産業医、新たに確保した産業医や専門家には、すべての不調者に対応ルールを適用していく中で、「個別の不調者に関する分析項目」（27ページの図表⑦）で説明した、事例性や疾病性、作業関連性の分析にも協力してほしいことを説明しましょう。

　分析するポイントや関連する対応は、次のように伝えるとよいでしょう。

❷ 産業医等の専門家との連携

不調者への対応を通じて分析するポイント

①事例性 ＝「職場としての問題は何か？」

- 事例性が産業医による評価の起点となる。
- 事例性を職場にとって課題と考え、これを解消することを目指す。

②疾病性 ＝「病気があるのか、どんな病気なのか？」

- 産業医等による評価の対象であり、専門医への紹介や情報交換が必要であるかを確認してほしい。
- 人事担当者と管理職に対して、疾病性の情報から、個人情報を保護（健康情報管理）しつつ、職場側の安全配慮義務を果たすために必要な助言や指導を行ってほしい。

③作業関連性 ＝「労災補償や民事上の観点で責任はないか？」

- 作業関連性は職場側のリスクの評価に当たる。
- こうしたリスクを低減させ、顕在化させないようにしていきたい。
- もしも、責任が職場側にあるのなら、相応の配慮を不調者にしていきたい。

④個人的な問題 ＝「個人の問題が関係していないか？」

- 症状や経過に関係している個人の問題の有無も評価してほしい。
- 人事部門が関与し得る問題なら、個人情報を保護しつつ、可能な範囲で伝えてほしい。

⑤職務適性 ＝「現状の仕事に向いているのか？」

- 不調者に職場や仕事にミスマッチがないかを評価して、教えてほしい。

⑥落としどころ ＝「リスク・損失を最小化するゴールは？」

- 職場側は短期間での完治や元通りの回復を必ずしも期待していない。職場側のリスクと損失が許容できる範囲となり、本人がある程度の貢献ができる状態をなるべく長く維持することを目指す。そうした考え方に立って、対応をお願いしたい。

8 その他の注意点

「メンヘル・ナビ」は、厚生労働省の「職場復帰支援の手引き」に沿っているので、自信を持って、以上の事柄を産業医等の専門家に説明できます。

これらの対応をお願いするのは、産業医にリスクや損失を押し付けるためではないことや、これまで把握できていなかった不調者を見つけてきちんと対処したいと考えていること、復職後に再燃・再発して、再休職となってしまう従業員を減らしたいという趣旨も説明しましょう。

不調者対応のルールを衛生委員会で説明する場合には、議題にあげる前に、産業医にきちんと説明しておくようにしましょう。その際、各管理職との連携をベースに、決められたルールどおりに職場全体で対処していくことを伝えます。

自殺等の恐れも含め、従業員と職場にとってリスクのある状況を感知した際には、個人情報に配慮しつつ、人事担当者や管理職に迅速に知らせてほしいことをあらためてお願いします。これは、人命を守るための当然のお願いです。

また、産業医等の専門家が協力的であれば、次章で説明する管理職への周知・説明や、研修を行う場合の講師をお願いしてみましょう。その際、管理職に周知するためのスライド（後掲）の説明を依頼してみましょう。すべてを話してもらうのが難しいようであれば、できる範囲で、人事担当者と交代で講師を務めてもらうのもよいでしょう。

厚生労働省による「メンタルヘルス指針」でも、管理職研修は重視されています。これを労働安全衛生規則14条「産業医及び産業歯科医の職務等」に定められた健康教育と捉えれば、産業医に頼むのは自然なことだと考えられます。

研修を開催する場合には、「人事部による対応と背景」や「対応ルールの説明」「連絡・相談窓口」は、人事担当者が説明するのがよいでし

❷ 産業医等の専門家との連携

ょう。

　もともと産業医と良好な関係が維持できているなら、不調者への対応ルールの策定から関与してもらってもよいと思います。また、今後の労働安全衛生法令の改正等も把握している専門家であれば、そうした情報を知らせてもらいながら、対応ルールの修正や更新に協力してもらいましょう。

❾ 産業医等の専門家の役割が整備された後のイメージ

　産業医や他の医師、専門家との対話を経て、「メンヘル・ナビ」で求める四つの役割を担ってもらえることになれば、１章で説明した不調者対応のルール、すなわち"レール"を実際に使えるように、ある程度の傾きを作ったことになります。
　ここまでの進捗を、図表２-５で確認してみてください。

図表2-5 「メンヘル・ナビ」の全体像（第2ステップ完了時）

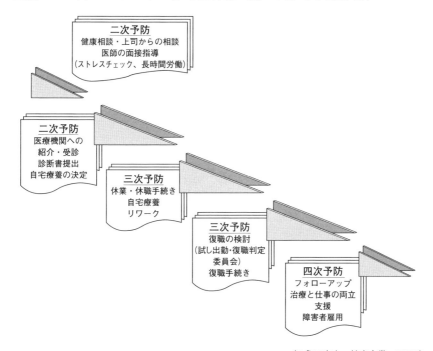

（©亀田高志、健康企業、2018）

3章

「メンヘル・ナビ」の第3ステップ
〜管理職への周知〜

「メンヘル・ナビ」の四つのステップ

① 不調者への対応ルールの策定
② 産業医等の専門家との連携
❸ 管理職への周知
④ 不調者への対応ルールの適用・運営

管理職に周知する事項
1. 当事者意識を持つ
2. ルールどおりに行動する
3. 部下にルールを守らせる
4. 人事担当者や専門家と連携する

❸ 管理職への周知

　厚生労働省はメンタルヘルス不調の未然防止や早期発見等において、「ラインによるケア」という言葉で管理監督者に期待する役割やその責任を重視しています。

　一方で、現場の管理職は自身の感覚や経験から、メンタルな問題にはあまり関心がない傾向があると思います。

　この３章で説明する管理職への周知は、２章の「専門家との連携」と同じように、「メンヘル・ナビ」の作り方・進め方（図表⑧）で示した"レール"の傾きをより大きくする作業に当たります。

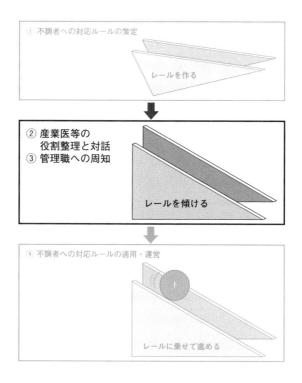

　部下が不調となった場合に管理職に期待する役割は、当事者意識を持って対応ルールどおりに行動することと、不調の部下にも対応ルールを守らせつつ、同時に人事担当者や産業医等の専門家と連携することです。

そのためには、対応ルールを管理職に周知する機会を設け、できれば研修も開催します。この3章では、そうした管理職への周知のポイントを、「メンヘル・ナビ」の"レシピ"として紹介します。

1 「メンタルヘルス指針」で求められている管理職研修の内容

「メンヘル・ナビ」を推進する人事担当者として、厚生労働省が公表した「メンタルヘルス指針」では、どのような内容を管理職に周知することを求めているのかを知っておく必要があります。

メンタルヘルス指針に記載された管理職研修の内容

> 6　メンタルヘルスケアの具体的進め方
> イ　管理監督者への教育研修・情報提供
> 　事業者は、ラインによるケアを促進するため、管理監督者に対して、次に掲げる項目等を内容とする教育研修、情報提供を行うものとする。
> ① メンタルヘルスケアに関する事業場の方針
> ② 職場でメンタルヘルスケアを行う意義
> ③ ストレス及びメンタルヘルスケアに関する基礎知識
> ④ 管理監督者の役割及び心の健康問題に対する正しい態度
> ⑤ 職場環境等の評価及び改善の方法
> ⑥ 労働者からの相談対応（話の聴き方、情報提供及び助言の方法等）
> ⑦ 心の健康問題により休業した者の職場復帰への支援の方法
> ⑧ 事業場内産業保健スタッフ等との連携及びこれを通じた事業場外資源との連携の方法
> ⑨ セルフケアの方法
> ⑩ 事業場内の相談先及び事業場外資源に関する情報
> ⑪ 健康情報を含む労働者の個人情報の保護等
>
> ※下線は筆者による。

❸ 管理職への周知

　このうちの①の「事業場の方針」は、不調者への対応に関する経営者等の対策方針が公表されていれば、ここで活きてくることが分かります。②の「意義」や④の「役割や態度」は、当事者性を持ってもらうことと捉えます。⑥「(部下)からの相談対応」、⑦「職場復帰への支援の方法」、⑧「連携の方法」の内容は、不調者への対応ルールを説明すればよいことが分かります。

　残りは、⑩の相談先等の「情報」と、⑪の「健康情報」を含む個人情報保護の重要性を説明すればよいわけです。

　そのように考えると、管理職への周知をきちんと準備すれば、下線に示したところが説明でき、管理職への研修として指針で求められる事項をカバーできることが分かります。

2 関心のない管理職に強調すること

　ところが、多くの管理職は"部下のメンタルヘルスの問題に対応すること"にあまりモチベーションを感じないものです。そこで、正しく行動してもらうために、周知の機会や研修では、メンタルヘルス不調に関する客観的な事実を管理職に伝えるようにします。

管理職に伝えるメンタルヘルス不調に関する事実

①働く人がメンタルヘルス不調になることは珍しくない。
②日本の行政・司法は、職場のメンタルヘルス不調者への対応責任は上司である管理職にあると考えている。
③部下がメンタルヘルス不調になることは、管理職にとってもリスクである。
④部下がメンタルヘルス不調になると、その個人の労働損失と職場の損失は避けられない。

⑤メンタルヘルス不調は、なかなか完治せず、経過は長期に及ぶことが多い。
⑥だからといって、メンタルヘルス不調者をすぐに辞めさせようとすることは、日本では法的に許されない。
⑦不調者に対しては、労務管理の観点から、最良の状態を長く続けられるようできるだけ配慮しながら、できる範囲の仕事を与えていくのが合理的である。

　このような事柄を客観的な事実として管理職に説明すると、当事者意識を持ち、きちんと対応してもらう動機付けにも役立ちます。不調になった従業員によって職場の生産性にも影響することや、不調者の問題で自身の管理能力を問われることを嫌がる気持ちが生まれれば、不調者問題の解消のために行動しなくてはならないという意識を持ってもらえるでしょう。

3 管理職に求める具体的な行動

　動機付けを得た管理職が、「では、具体的に何をすればいいんだ？」と質問してきたら、策定した具体的なルールを分かりやすく提示すればよいと思います。
　例えば、前掲の「休職・復職手続表」（図表1-11）を配布し、管理職として不調の部下への対応でなすべきことを理解してもらいます。管理職研修で強調するのは、不調者への対応ルールに自身が従うだけでなく、人事担当者と連携し、就業規則や社内規程に定められた手続きを守るよう、不調になった部下に対しても求めてほしいということです。
　なお、次のように、不調の部下に対して不利益な取り扱いをしてはいけないことが「メンタルヘルス指針」に記載されていますので、この点

❸ 管理職への周知

もしっかりと管理職に理解してもらいましょう。

不調等を理由に、してはならない不利益な取り扱い

> 8　心の健康に関する情報を理由とした不利益な取扱いの防止
> (1)　事業者による労働者に対する不利益取扱いの防止
> 　　事業者が、……労働者の心の健康に関する情報を理由として、以下に掲げる不利益な取扱いを行うことは、一般的に合理的なものとはいえないため、事業者はこれらを行ってはならない。……
> ①　解雇すること。
> ②　期間を定めて雇用される者について契約の更新をしないこと。
> ③　退職勧奨を行うこと。
> ④　不当な動機・目的をもってなされたと判断されるような配置転換又は職位（役職）の変更を命じること。
> ⑤　その他の労働契約法等の労働関係法令に違反する措置を講じること。

　管理職へ周知する際は、可能であればパワーハラスメント（パワハラ）についても説明しましょう。いわゆるパワハラやセクハラは、不調の引き金にもなるとされており、そのリスクと損失はメンタルヘルス対策の観点でも看過できなくなっていることから、メンタルヘルス不調者対応に関する管理職への周知の機会や研修を通じて、注意喚起を行うのが効果的です。
　次ページ以降で、以上の内容を説明できる、スライド例を紹介します。これらは筆者が実際の管理職研修で使用しているプレゼンファイルをアレンジしたもので、これも「メンヘル・ナビ」の"レシピ"です。
　それぞれのスライドについて、実際にどのような事柄や説明を行うのかを、ここから1枚ずつ解説します。

4 管理職への周知用スライド例

スライド例 ①管理職研修 ― 冒頭の説明〜本日の内容

はじめに

本日の内容

- 目的
  ― 社内で増加している不調者に関連するリスクと損失を最小化すること
- 目標
  ― 人事部が主管して、策定したメンタルヘルス不調者発生時の休職・復職における対応ルールを周知し、実際の発生時における円滑な適応を実現すること
- 内容
  ― メンタルヘルス不調とは？
  ― メンタルヘルス不調に付随する問題とは？
  ― 不調者への対応の考え方
  ― 不調者への対応の実践方法

©亀田高志、健康企業、2018

　メンタルヘルスに関する説明会や研修は、忙しく時間がないのに、なぜ出席しなければならないのかと、多くの管理職が面倒に感じるものです。しかし、そうした姿勢のままでは、不調者の問題は解消しません。

　そこで、人事部門として不調者の発生に問題意識があり、関連するリスクや損失を小さくするために「メンヘル・ナビ」の対応を始めたことを、冒頭に宣言するとよいでしょう。

　メンタルヘルスに関する基礎知識を増やすためではなく、管理職としての現場管理のスキル習得であることを伝えた上で、その内容には四つあることを説明します。

❸ 管理職への周知

スライド例 ②人事部による対応と背景

はじめに

人事部による対応と背景

- **背景**
  ──社内における不調者の増加と影響
  - ２０＊＊年：休職者＊＊名 → ２０＊＊年：同＊＊名
  - 労働損失：２０＊＊年（＊＊日）→ ２０＊＊年（＊＊日）

- **人事部による対応**
  ──担当役員による対策の方針公表
  ──就業規則の改定
  ──社内規程の策定
  ──産業医との連携強化
  ──今回の管理職研修の実施

©亀田高志、健康企業、2018

　社内で発生している不調者の状況を説明し、人事部として実施してきた対策を紹介します。健康管理の枠の中で消極的に対応するのではなく、「人材の問題」を扱う人事部門として本気であることを知らせるのです。

　可能であれば、冒頭にこうした背景や人事部門としての対策の実施状況を担当役員が説明できるとよいと思います。また、公表できる対策方針があれば、ここで紹介すると効果的です。

　これらは、参加している管理職の意識を高める上で有効であると考えています。

スライド例 ③メンタルヘルス不調と職場の問題

1．メンタルヘルス不調とは？

メンタルヘルス不調と職場の問題

「精神および行動の障害に分類される精神障害や自殺のみならず、ストレスや強い悩み、不安など、労働者の心身の健康、社会生活および生活の質に影響を与える可能性のある精神的および行動上の問題を幅広く含むものをいう」

※厚生労働省による「メンタルヘルス指針」より抜粋

職場の問題は人材リスクと損失に集約される

――自殺、精神障害・心身症による休業・休職、問題行動など
――労災申請、民事裁判、消費者・メディアへの評判リスク

©亀田高志、健康企業、2018

　会社で対処するメンタルヘルス不調とはどのような問題なのか、その難しさを理解してもらいます。

　管理職にとってメンタルヘルス不調とは、語感としてはなんとなく分かっても、本当のところはよく分からない言葉であることから、厚生労働省による定義をここで説明します。

　次に、メンタルヘルス不調では、会社や職場にとって、うつ病等の病気が問題なのではなく、自殺や休業・休職、付随する問題行動によるリスクや損失が問題であることを強調します。

　そして、労災申請や民事裁判、あるいは関連報道による評判リスクにも言及します。管理職に対して、そのような文脈でメンタルヘルス不調を捉え、言語化することを推奨します。

❸ 管理職への周知

スライド例　④メンタルヘルス不調はどのように生じるか

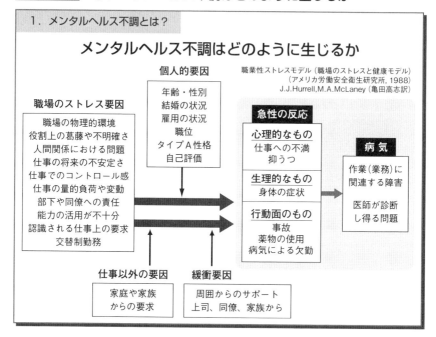

　職場のストレスがうつ病等を引き起こすというイメージを、漠然と持っている管理職は少なくありません。

　しかし、心理（感情）、生理（身体）、行動の三つの急性の反応（ストレス反応）が高じて不調に至るという理屈を、正確に分かっている人はあまりいません。

　そこで、多くの日本の専門家が引用する「職業性ストレスモデル」を紹介し、現在、考えられているストレスとうつ病等の因果関係を理解してもらうようにします。

　また、緩衝要因として、職場のサポートがストレス要因の影響を和らげることもここで説明し、管理職による対応の重要性を強調します。そのとき、管轄省庁である厚生労働省がこのストレス理論に則って対策を行っていることを説明してもよいと思います。

スライド例 ⑤うつ病のメカニズムと過重労働の関係

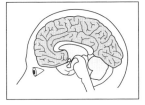

　この管理職研修を通じて、メンタルヘルス不調は単に療養し、治療を続け、職場で面倒を見れば元気に回復するとは言い切れない面があることを、理解してもらわなければなりません。

　そのために、精神障害の成り立ちは未解明なところもあり、客観的には分かりにくいものであることを、このスライドの左側を用いて紹介します。特に"心の問題"ではなく、臓器の一つである"脳の変調・機能低下"によって、うつ病のような症状が観察されることを説明します。

　次に、昨今、問題となっている過重労働がどのようにメンタルヘルス不調の引き金になり、あるいは経過に影響を与えるのかを、スライドの右側を使って説明します。

　それによって、不調のメカニズムに加えて、過重労働や長時間労働による健康への影響を理解してもらいます。

❸ 管理職への周知

スライド例 ⑥管理職は健康管理責任の主体

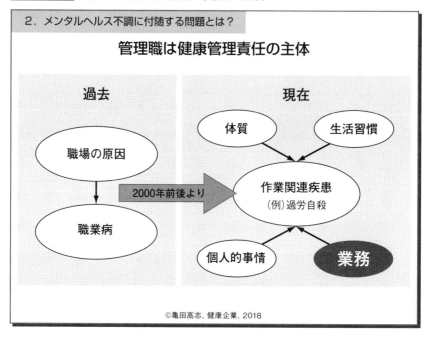

　管理職が主体的に対応ルールに従って行動する動機付けとなるよう、ここからは、メンタルヘルス不調による問題、特にリスクと損失についての説明を行います。

　まず、2000年くらいまでは、会社の健康管理責任が、「職場の原因」単独で引き起こす職業病への予防や管理に限定されていたことを、スライドの左側で説明します。

　そして21世紀に入るとこれが拡大し、「業務」自体が及ぼす影響が一部であっても、相対的に関与して発病する病気であれば会社が責任を問われるようになったことを、右側で紹介します。これを「作業関連疾患」と呼び、最悪の場合、過労自殺につながることも例として紹介します。

　その上で健康管理責任の主体が管理職にあることも、知っておかなければならない事実として伝えます。

スライド例 ⑦不調は職場の損失

2．メンタルヘルス不調に付随する問題とは？

不調は職場の損失

- 不調者は10人強に1人

- 不調者本人の損失（直接的）
  ── 人件費（不調の社員分）
  ── 個人の担うべき業務の穴

- 所属する部署での損失（間接的）
  ── 部署の業務遂行への影響
  ── 同僚たちのモチベーション低下

- その他（間接的）
  ── 取引先への影響
  ── 人事部での事務処理コスト　など

©亀田高志、健康企業、2018

　ここでは、不調による損失を説明します。一度でも不調の部下を持ったことのある管理職なら、このスライドの内容は経験済みのことが多いはずです。不調による休職によって欠員が出たまま、効率化を求められる職場の管理者は、本当に苦労します。その穴を物理的に埋めようとすれば、部門や会社は、その分の人件費を余分に負担することになるでしょう。

　この不調者による影響（事例性）は、同僚や事業活動そのものにも及ぶため、損失は不調者個人にとどまらず、膨大な額に及ぶこともあります。そうした点を意識するように促します。

　未経験の管理職は、メンタルヘルス不調は病気そのものが問題と考えますが、本来は「⑩管理職に期待される対応」で説明する"事例性"に着目すべきなのです。この事例性の持つインパクトを、以降のスライドで説明していくことになります。参加している管理職の問題意識を醸成することが、対応ルールを順守することへの動機付けに役立ちます。

❸ 管理職への周知

スライド例　⑧メンタルヘルス不調の難しさ

2．メンタルヘルス不調に付随する問題とは？

メンタルヘルス不調の難しさ

- 薬物治療だけで治らない
- 会社や職場の対応に限界がある
- 個人や家族の病理を扱うことができない
- 経過が長く、完治することは簡単に期待できない
- 職場のストレスを軽くするのは難しい
- 差別や偏見から、フランクに話すことのできる問題ではない

✓ こうした問題だからこそ、確実な対策が必要！

©亀田高志、健康企業、2018

　ここで強調するのは、職場運営から見たメンタルヘルス不調の問題に対処する難しさです。だからこそ、リスクと損失を最小化する必要があり、人事部門が主管して対策を推進することになった点を再び強調します。

　一連の説明を聞いた管理職は、難しくてどうしようもないという消極的な姿勢から、むしろ我々はどのように行動すればよいのかという雰囲気になってきます。そうなると、当事者性を持って、不調者に対して対応ルールを適用するための動機付けができてきたと考えてもよいでしょう。

スライド例　⑨対応する際の考え方のポイント

> 3．不調者への対応の考え方
>
> ## 対応する際の考え方のポイント
>
> 事例性 ＝「職場としての問題は何か？」
>
> 疾病性 ＝「病気があるのか、どんな病気なのか？」
>
> 作業関連性 ＝「労災補償や民事上の観点で責任はないか？」
>
> 個人的な問題 ＝「個人の問題が関係していないか？」
>
> 職務適性 ＝「そもそも、現状の仕事に向いているのか？」
>
> 落としどころ ＝「リスク・損失を最小化するゴールは？」
>
> ©亀田高志、健康企業、2018

　次に、メンタルヘルス不調者に対応する際の考え方のポイントを、ざっと説明します。

　ここで、「事例性」「疾病性」「作業関連性」という三つの言葉と意味を説明し、これらが管理職として行うべき対応フローのポイントであることを強調します。

　個人的な問題や職務適性への目配りを怠らないことの大切さも伝えましょう。リスクと損失が最小化された"落としどころ"を、当初の目標におく合理性と大切さを説明します。

❸ 管理職への周知

スライド例 ⑩管理職に期待される対応

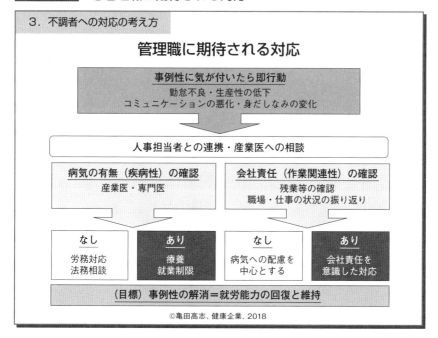

　管理職は医師ではありませんが、勤怠の乱れや突然の生産性の低下、あるいは事例性を糸口として、部下の不調の可能性に気付くことはできます。

　事例性に気付いたら、病気の有無（疾病性）を確認するために産業医の面接を受けさせ、医学的な評価を行うとともに、リスク管理のために、会社責任（作業関連性）を確認する必要があります。

　その段階で、管理職が人事担当者にコンタクトして連携を保つほか、疾病性の確認につなげるために産業医に相談する流れを強調します。

　そして、最終的に目指すのは病気を治すことではなく、事例性を解消し就労能力を回復させることだという考えを、ここで説明します。

スライド例 ⑪人事部と産業医との連携による病気の確認

```
3．不調者への対応の考え方

         人事部と産業医との連携による病気の確認

                    疾病性の評価
                       ↓

  うつ病    不安障害   パーソナリティ  統合失調症  依存症    発達障害
  グループ  グループ   障害グループ   グループ   グループ  グループ

          人事部経由で確認し、助言を求める事項
    （例）重症度、療養の要否、自殺のリスク、治療で見込まれる効果、
          予想される経過、職場での対応における注意点　等
     産業医や専門医による評価結果を加工された形で教えてもらう！

                              ©亀田高志、健康企業、2018
```

　不調を疑う従業員の疾病性を評価するために、産業医や紹介先の専門医に面接や診察をしてもらった場合、見つかるのは"うつ病"だけでなく、実際には多様な問題があることを、このスライドで説明します。

　重要なのは、スライドの下段にあるように、会社側の対応に必要な情報を、人事部経由で産業医から教えてもらうことです。

　事例性やリスク、損失の低減のために、こうした情報が必要だということに加え、会社側の配慮に必要な範囲に限定・加工して産業医等から説明してもらうことを解説します。

❸ 管理職への周知

スライド例　⑫作業関連性・会社責任を労災認定基準で検討する

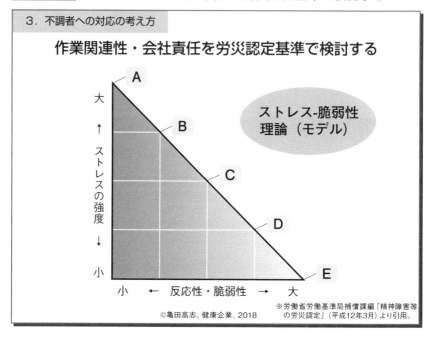

　スライド例の⑩（178ページ）の右側「会社責任（作業関連性）の確認」の考え方を説明するのに、この「ストレス－脆弱性」理論を用いることができます。

　自殺や自殺未遂、うつ病等の障害が起きた場合には、ストレスに耐える力とストレスの強さの二つの軸でその因果関係を判断するという行政の考え方を紹介します。

　この評価や判断にはケース・バイ・ケースの面もありますが、裁判例や労災認定基準を基に、ある程度は管理職と人事担当者の間で会社責任を推し量ることができると説明します。過重労働の基準やパワハラ・セクハラ等の内容や事案を管理職に示すことで、実際に不調者が出たときの会社責任の見積もりを人事担当者と一緒に行うことが意識できるようになります。

スライド例 ⑬ "落としどころ" を意識する

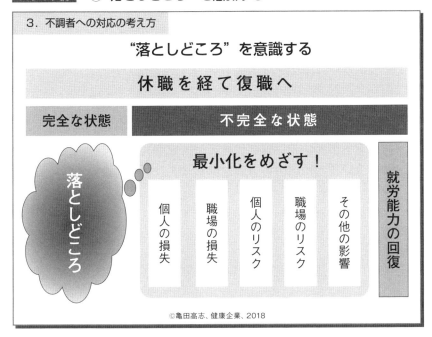

　これまで説明してきた流れに沿えば、事例性から不調が明らかになり、いったん休職した後に不調の従業員は復職してきます。そのとき、最初から完全な状態で元のように仕事ができるケースは稀であることを説明します。

　復職に当たっては、病状の回復が不完全な場合がほとんどであることから、それを許容できる範囲で、不調に伴う損失やリスク、その他の影響の最小化を目標とする考え方を説明します。

　これを便宜的に "落としどころ" と呼び、その状態を目指すことを共通理解として、管理職に認識してもらうようにします。

　このとき、就労能力の回復と表裏一体だと強調してもよいでしょう。

❸ 管理職への周知

スライド例 ⑭対応ルールがなかった今までの問題

> 4．不調者への対応の実践方法
>
> ## 対応ルールがなかった今までの問題
>
> - 管理職の気付きが遅れ、気付いても対応が始まらなかった。
> - 不調の部下への対応を自分の責任であると自覚しにくい面があった。
> - 不調者への対応が一部の管理職や人事部スタッフの裁量に依存していて、不調者の復職が成功せず、就労能力の改善が得られなかった。
> - 不調の社員自身がいつ、何をどうするべきか、分からなかった。
> - 全ての不調者の状況を会社として把握しにくく、分析ができなかった。
>
> ©亀田高志、健康企業、2018

　四つ目の項目である、不調者への対応ルールの説明に入ります。

　このスライドによる周知や研修の背景には、不調者が増加していることや、それによるリスクや損失が看過できないこと、管理職がメンタルヘルス不調対応の当事者であることを説明します。また、事例性の認識から疾病性や作業関連性の確認といった不調者対応の考え方を理解してもらった上で、最後のポイントである、具体的な行動としての対応ルールを説明します。

　その有効性を理解してもらうために、対応ルールがなかったときに生じていた問題を、ここに列挙しています。これまでの説明内容を理解できた管理職には、このルールの大切さを感じてもらえるでしょう。

スライド例 ⑮ "落としどころ"を目指す

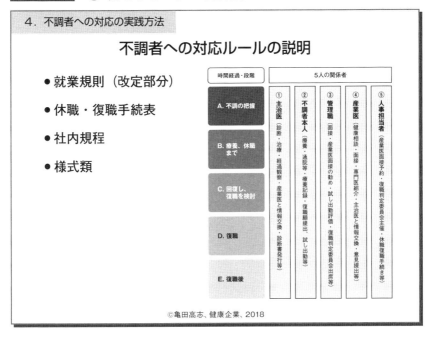

　このスライドでは、就業規則、休職・復職手続表、社内規程、様式類のほか、対応の流れと詳細な手順を説明します。

　これまでの説明により、適切な問題認識や対応への動機付けを持った管理職なら、対応ルールをきちんと理解してもらえるはずです。

　休職・復職手続表を配布して管理職としてすぐに参照できるようにしておいてほしいこと、もしも部下が不調になったら、産業医や人事部門と連携しながら"落としどころ"を探ることを、再度強調します。

❸ 管理職への周知

スライド例　⑯健康情報管理と不利益な取り扱い

4．不調者への対応の実践方法

健康情報管理と不利益な取り扱い

- **本人の同意**
  ──常に本人に利用目的を説明の上、同意を得る

- **関係者による従業員の健康情報の取り扱い**
  ──関係者で必要な情報の連携とプライバシー保護を図る
  ──産業医等の専門家が窓口となる

- **専門スタッフによる健康情報の加工**
  ──安全配慮義務とプライバシー権の両立
  ──不調者に対応する際のプライバシーへの配慮

- **不利益な取り扱いを行うことは、一般的に合理的なものとはいえないため、以下に掲げるようなことを行ってはならない…**
  ①解雇すること
  ②期間を定めて雇用される者について契約の更新をしないこと
  ③退職勧奨を行うこと
  ④不当な動機・目的をもってなされたと判断されるような配置転換または職位（役職）の変更を命じること

©亀田高志、健康企業、2018

　応用編として、ここでは、健康情報管理の重要性を説明します。その取り扱いは個人情報保護と同等ないしそれ以上に厳しいことを説明すれば、管理職は理解してくれると思います。

　また、不調をもとに部下に対して不利益な取り扱いをしてはならないことがメンタルヘルス指針等で謳われていることもここで触れて、注意を促すとよいでしょう。

スライド例 ⑰日本におけるハラスメントの実態

4．不調者への対応の実践方法

日本におけるハラスメントの実態

- **パワハラとは**
  —同じ職場で働く者に対して、職務上の地位や人間関係などの職場内の優位性を背景に、業務の適正な範囲を超えて、精神的・身体的苦痛を与えるまたは職場環境を悪化させる行為

- **3人に1人**
  —過去3年間にパワーハラスメントを受けたことがあると回答した人は、32.5％

- **3件に1件**
  —従業員向けの相談窓口で従業員から相談の多いテーマは、パワーハラスメント（32.4％）が最も多く、2番目はメンタルヘルス（28.1％）

- **5人に2人**
  —パワーハラスメントを受けても「何もしなかった」（40.9％）
  —「何をしても解決にならないと思った」（68.5％）
  —「職務上不利益が生じると思った」（24.9％）

※厚生労働省「平成28年度　職場のパワーハラスメントに関する実態調査」より（平成29年4月公表）
©亀田高志、健康企業、2018

　時間が許せば、政府や厚生労働省の進めるメンタルヘルス対策とも関連性の深い、ハラスメントの説明を、次のスライドとともに応用編として説明します。

　まず、パワーハラスメント（パワハラ）の定義を説明します。パワハラは珍しいことではない一方、被害を受けた人がなかなか解決へのアクションが取れないことも強調しましょう。

　その上で、それが心身に悪い影響を及ぼし、メンタルヘルス不調の引き金ともなり得ることを伝えてください。

　以上のことから、自身がパワハラをしてしまう可能性と、それを防ぐことの大切さを理解してもらいます。

❸ 管理職への周知

スライド例　⑱厚生労働省によるパワハラ対策と類型化

4．不調者への対応の実践方法

厚生労働省によるパワハラ対策と類型化

- **予防**
  ──トップのメッセージ
  ──ルールの策定
  ──実態の把握
  ──教育・周知

- **解決**
  ──相談や解決の場の設置
  ──再発防止策

1) **身体的な攻撃**
   暴行・傷害
2) **精神的な攻撃**
   脅迫・名誉毀損・侮辱・ひどい暴言
3) **人間関係からの切り離し**
   隔離・仲間外し・無視
4) **過大な要求**
   業務上明らかに不要なことや遂行不可能なことの強制、仕事の妨害
5) **過小な要求**
   業務上の合理性なく、能力や経験とかけ離れた程度の低い仕事を命じることや仕事を与えないこと
6) **個の侵害**
   私的なことに過度に立ち入ること

©亀田高志、健康企業、2018

　管理職として自らがパワハラを行う可能性を認識してもらったところで、パワハラの六つの類型を紹介すると、パワハラに当たる具体的な行動を管理職が理解しやすくなります。

　また、厚生労働省が企業等に求めている対策の概要を、スライドの左側を使って説明します。

スライド例 ⑲まとめ 対応の体制と仕組み

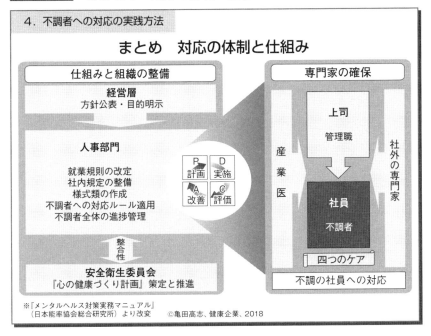

　このスライドは、不調者対応の全容を示すものであり、最後のまとめとして使えます。

　上司(管理職)による不調の従業員への対応が右上に描かれており、これを専門家がサポート・関与する構図を説明します。

　左側は、経営層の方針を打ち出すことで、リスクと損失の低減という目的を明らかにしています。こうして、主管する人事部門が中心となって対応ルールの策定とその適用・運営を行うことが分かります。

　こうした対策の全体像は、管理職の通常業務の進め方に合っているので理解されやすく、人事部門との連携の必要性も感じさせます。

❸ 管理職への周知

スライド例 ⑳連絡・相談窓口

おわりに

連絡・相談窓口

- **人事部**
  - 電話（内線）　＊＊＊＊
  - 担当者　　　　＊＊＊＊　＊＊＊＊
  - メール　　　　＊＊@＊＊＊＊

- **産業医**
  - 勤務日　　　　毎月第＊＊曜日
  - 勤務時間　　　午後＊＊時から午後＊＊時
  - 予約方法　　　人事部内線＊＊＊＊

©亀田高志、健康企業、2018

　最後に、不調者の問題を相談する連絡先や窓口を紹介して、研修を終わります。

　これらの情報は、前述の休職・復職手続表の中に示しておいてもよいでしょう。

　人事部門が主管となるので、部下の問題に気付いたら遠慮なく相談してほしい旨を、研修の最後に強調するのがよいでしょう。

5 対応ルールの管理職への周知や研修の注意点

　最後にいくつか注意点があります。

　まず、周知や研修の形式をとったとしても、出席は必須とします。そうしなければ、ちょうどそのときに困っている管理職か、過去に不調の部下がいた経験のある人、あるいは一部の向学心のある人しか参加しないからです。こうした人達は、放っておいても人事部門との連携が維持できます。

　また、自由参加にしてしまうと、周知の効果が薄れてしまいます。そうならないように、管理職全員に研修の参加を義務付け、対応ルールの周知と、会社の問題認識への共通理解を持ってもらうことを目指しましょう。

　周知や研修がうまくいったかどうかは、人事部門への相談事例が増えることで確認できます。不調を疑う部下について相談に来たり、新たに部下の問題に気付く管理職が出てくるようになります。

　一見、不調者が増えたように思われるかもしれませんが、対応の精度が上がっただけだと考えましょう。対処が早ければ、将来のリスクと損失が軽減されますし、各管理職と人事部門との連携が強化されるのは、よいことだと言えます。

　もしも予算に余裕があり、外部の専門講師を呼んで研修を開催できるなら、対応ルールを適用するためのケーススタディや、不調を疑う部下に産業医への相談を促すロールプレイを盛り込んでもよいでしょう。座学、つまり一方通行の講義だけでは効果が薄いですが、ケーススタディやロールプレイのようなシミュレーションを取り入れれば、知識の定着や、その後の実践のためにとても効果的です。また、周知や研修は、管理職の印象が薄れないよう、毎年や隔年で継続実施するよう、心掛けていただきたいと思います。

❸ 管理職への周知

6 管理職への周知が完了した後のイメージ

　管理職への周知が完了したら、産業医等の専門家による四つの役割が整ったことによってできた"レール"の傾きが、さらに大きくなっている感じになります。

　この段階までの進捗を、図表3-1で確認してみてください。

　なお、この図の矢印で示す、二次予防と四次予防のところのレールが若干、短いことが分かると思います。このままでも運用・運営は十分に可能ですが、このレールをさらに充実させるのが、次の4章で説明する「早期発見・再発防止等への取り組み」です。

図表3-1　「メンヘル・ナビ」の全体像（第3ステップ完了時）

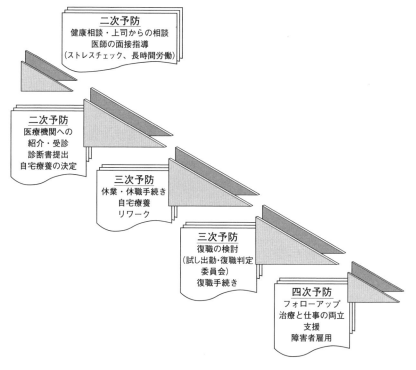

（©亀田高志、健康企業、2018）

4章

「メンヘル・ナビ」の第4ステップ
～不調者への対応ルールの適用・運営～

「メンヘル・ナビ」の
四つのステップ

- ❶ 不調者への対応ルールの策定
- ❷ 産業医等の専門家との連携
- ❸ 管理職への周知
- ❹ **不調者への対応ルールの適用・運営**

早期発見・再発防止等への取り組み

対応ルールの適用・運営
1. 個別ケースへの適用
2. 全ケースの進捗管理
3. システムの維持・管理

❹ 不調者への対応ルールの
適用・運営

　最後の本章では、まず、「早期発見と再発防止」について、少し詳しく解説します。「メンヘル・ナビ」では、管理職等によって把握されたメンタルヘルス不調を持つ従業員が確実に適切な治療を受け、回復を目指した療養を経た後、復職準備性の確認を受けて復職し、フォローされていく体制と仕組みを確立します。

　しかしながら、すべての不調者に対して標準化された対応を行うものではありますが、3章の終わりのイメージ図（図表3-1）で示したように、ここまでの作業では、早期発見と再発防止の取り組みに、やや不十分な面が残っているからです。

　「メンヘル・ナビ」の上流に当たる早期発見と下流に当たる再発防止については近年、厚生労働省の施策も加わってきており、人事担当者として、メンタルヘルス不調対応のための体制と仕組みの充実の一環として、これらの知識を持っておくのがよいと思います。

　次に、「対応ルールの適用・運営」を説明します。これまで作り上げてきた不調者への対応ルールを産業医等の専門家や管理職と適宜、分析も行いながら、個別のケースに適用していくポイントを説明します。これが「メンヘル・ナビ」の「適用」に当たります。

　さらに、人事担当者として、複数の不調者を継続的に見ていくことを説明します。ここではリスト化を行い、月次での進捗管理を行うようにします。これが「メンヘル・ナビ」の「運営」です。

　「メンヘル・ナビ」はある種のシステムですから、それを保ちながら効果を計り、更新していくことをまとめとして解説します。

　「メンヘル・ナビ」の最終段階として、次の図のようにすべての不調者を"レール"に乗せることと、そのレールをメンテナンスしていくことを目指していきます。

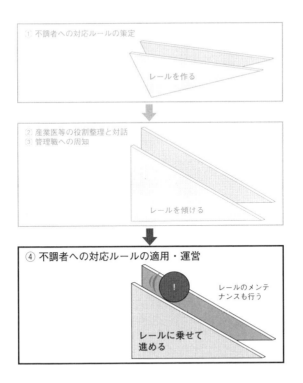

1 早期発見・再発防止等への取り組み

　厚生労働省が強化しようとしている、産業医による「健康相談」に加えて、定期健康診断後の保健指導を、長時間労働を行った従業員に対して行う必要があります。また、ストレスチェック制度の事後措置にも当たる「医師の面接指導」とそれを補う「補足的面談」の充実は、不調の早期発見・二次予防にも役立ちます。

　加えて、三次予防の充実に当たる、休職中に回復し、復職を検討するまでに復職準備性を確保する「リワーク・プログラム」の活用も、検討に値します。

　働き方改革でも推進されつつある「治療と仕事の両立支援」は、三次

❹不調者への対応ルールの適用・運営

図表4-1　早期発見・再発防止等への取り組み

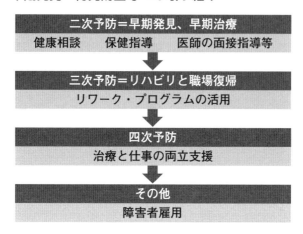

予防の職場復帰支援とは位置付けが若干異なる四次予防に相当し、メンタルヘルス不調の復職後の安定に役立つ面があります。

復職後の状態や、メンタルヘルス不調の従業員の希望があるとき、あるいは不調によって十分な回復が得られない場合等には、障害者雇用の枠組みを考えることもできます。機微な面もありますが、人事担当者として考慮してもよいと思います。

これらは、予防医学の4段階の枠組みにおいて、図表4-1のようにまとめることができます。

この4章では、これらの対策の実際や工夫を簡潔に紹介します。後半で紹介する「メンヘル・ナビ」の適用と運営と並行して、できるところから取り組んでいくとよいと思います。

1　健康相談・保健指導

健康相談・相談窓口

「健康相談」はその名のとおり、健康に関する相談です。従業員1000人以上の事業場では、産業医を専属させる義務がありますから、学生時代の保健室に行くような感覚で従業員は健康相談を受けることができます。

また、従業員数百人規模の事業所であっても保健師や看護師が常駐しているケースでは、同様に健康相談を受け付けてもらえることがあります。

この相談という形の対応は、「メンタルヘルス指針」の中でも次のように取り上げられています。

「メンタルヘルス指針」より抜粋

> 6　メンタルヘルスケアの具体的進め方
> (3)　メンタルヘルス不調への気付きと対応
> 　……事業者は、……相談等により把握した情報を基に、労働者に対して必要な配慮を行うこと、必要に応じて産業医や事業場外の医療機関につないでいくことができるネットワークを整備するよう努めるものとする。……
> イ　管理監督者、<u>事業場内産業保健スタッフ</u>等による相談対応等
> 　……事業場内産業保健スタッフ等は、管理監督者と協力し、労働者の気付きを促して、保健指導、健康相談等を行うとともに、相談等により把握した情報を基に、必要に応じて事業場外の医療機関への相談や受診を促すものとする。……
> 　　　　　　　　　　　　　　　　　　　※下線は筆者による。

ここに書かれた「事業場内産業保健スタッフ」とは、産業医等、衛生管理者等および事業場内の保健師等のことで心理職（カウンセラー）も含まれるものであり、外部に話の内容が漏れることがない環境を作って、

❹ 不調者への対応ルールの
適用・運営

この相談の窓口を開設し、利用を促すとよいのです。

　この健康相談の窓口の開設は、あまり抵抗なく従業員に受け入れてもらえることから、早期発見の効果も期待できます。

　健康相談の対応は、従業員50人以上の事業場であれば産業医に頼むことができます。労働安全衛生規則の定めにもあることから、メンタルヘルス不調者への対応を嫌がる医師でも、健康に関する相談を忌避することはないでしょう。不眠や食欲不振を訴えて相談にきた従業員に対し、精神科に受診するよう産業医が勧めてくれる可能性もあります。

　そうした面談の際には、1章の「各種様式類」で紹介した「②産業医面接の記録」を使用してもらうとよいでしょう。

　通常は従業員からの相談が主ですが、上司（管理職）による部下に関する相談に対しても、この健康相談の枠組みを活用できます。

　さらに、産業医以外の保健師や看護師、あるいは精神保健福祉士等の資格を持つような心理カウンセリングが可能な専門家に、この健康相談を担当してもらうこともできます。

　なお、産業医以外の専門家にも、「②産業医面接の記録」様式を流用してもらうほか、もしも必要であれば、そのバックアップという位置付けで産業医による健康相談につないでもらうとよいでしょう。

保健指導

　2015年12月にストレスチェック制度が義務化された一方で、定期健康診断が、いわゆるメタボを中心とした身体の病気に限定されているかの印象が広がっている懸念があります。

　毎年行われる定期健康診断では、「自覚症状及び他覚症状の有無」の検査が労働安全衛生規則に定められています。

　この症状の有無の検査は「問診」と呼ばれていますが、そこで申告された内容によっては、それを判定する産業医や医師によるメンタルヘル

ス面の保健指導の必要性も感じることがあります。

　産業医や保健師等による保健指導からアセスメントを経て不調が早期発見されることは、十分にあり得ます。このように保健指導には二次予防としての側面がありますので、自社等の産業医と対話をし、定期健康診断をメンタルヘルス不調の二次予防のための情報収集の機会の一つとして位置付けることもできます。

2　医師の面接指導等

長時間労働後の医師の面接指導

　医師の面接指導は、元々、長時間労働を行った従業員のうち、疲労の蓄積が著しく、かつ本人が希望した場合に行うこととされてきました。

　この医師の面接指導は、脳卒中や心臓発作による突然死などの「過労死」や、不調の結果自殺してしまう「過労自殺」、あるいはそれに準じる障害を未然防止するために制度化されています。いわゆるセーフティネットの位置付けで、労働安全衛生法に定められ、厚生労働省で重要視されている施策です。

　しかしながら、その実施は非常に低調です。なぜ低調かというと、労働時間管理そのものや労働慣行、残業に対する企業文化等さまざまな要因が考えられる上、医師の面接指導が働く人にとって不利益に見える面があるからです。

　医師の面接指導の後、不調の未然防止のために、残業制限や出張制限、深夜勤務の回数の減少などの措置が行われることになっています。

　そうした措置は、残業代や手当といった給与・報酬面でもマイナスになるほか、上司や同僚との関係に微妙な影響を与える懸念もあるでしょう。その背景には、長時間の残業が健康障害を起こすことへの理解が、働く人に希薄であるからかもしれません。

❹不調者への対応ルールの
　適用・運営

　医師の面接指導の機会は産業医等の専門家によるインテイクとアセスメントそのものであり、後のリファー、アドバイスといった流れに結び付く効果があります。
　したがって、なるべく多くの対象者に医師の面接指導を受けてもらうよう、次のような取り組みを行うとよいでしょう。

> **長時間労働者に対する医師の面接指導を展開する工夫**
> - 健康情報管理を整備し、医師の面接指導がもとで不利益な取り扱いとはならないことを自社内に周知する
> - 産業医等の専門家に、長時間労働とメンタルヘルス不調との関係を啓発してもらう
> - 健康相談・相談窓口の枠組みから不調の有無を確認し、就業制限等が必要だと分かった段階で医師の面接指導に切り替える流れも作る
> - 定期健康診断の流れの中で、健康診断を担当する医師や産業医に長時間労働の有無と不調のチェックを実施してもらう

　事業者は、長時間労働を行った従業員の氏名や具体的な労働時間数を、産業医に報告することになっています。このとき、長時間労働を行った従業員に健康相談に来ることを勧めてもらうよう、産業医に依頼することもできるでしょう。

ストレスチェック後の医師の面接指導・補足的な面談

　ストレスチェック後にも、長時間労働者に対するのと同じ、医師の面接指導の実施が求められています。
　ストレスチェック受検者のうち10％前後と見込まれる「高ストレス」の判定を通知された場合、医師の面接指導を案内する流れになります。
　この医師の面接指導には、長時間労働の場合と同じように、不調の未然防止と早期発見の効果が期待されていますが、その実績は極めて低調

です。これではストレスチェックの医師の面接指導が役に立たない仕組みになってしまいます。チェックの結果に対して集団分析を行い、その傾向から職場改善活動を行わない限り、メンタルヘルス不調の未然防止の効果は得られません。

このような状況が自社等にあったら、先ほどの「長時間労働者に対する医師の面接指導を展開する工夫」以外に、「補足的な面談」を行います。

❶で説明した健康相談（195ページ以下）と同じように、この補足的な面談では、ストレスチェック制度の高ストレス者の判定プロセスの中で、産業医等の専門家に、医師の面接指導の要否をアセスメントしてもらうことができます。もしも問題があれば、あらためて医師の面接指導につなげばよいのです。

この点について、「心理的な負担の程度を把握するための検査及び面接指導の実施並びに面接指導結果に基づき事業者が講ずべき措置に関する指針」（ストレスチェック指針）に次のような記載があります。

補足的な面談

> 7　ストレスチェックの実施方法等
> (1) 実施方法
> 　ウ　ストレスの程度の評価方法及び高ストレス者の選定方法・基準
> 　　（イ）高ストレス者の選定方法
> 　　　　……実施者による具体的な高ストレス者の選定は、……補足的に実施者又は実施者の指名及び指示のもとにその他の医師、保健師、看護師若しくは精神保健福祉士又は産業カウンセラー若しくは臨床心理士等の心理職が労働者に面談を行いその結果を参考として選定する方法も考えられる。

高ストレス者に対して、結果通知と一緒に医師の面接指導の案内をする際、あるいはその前に、相談窓口の一つとして「補足的な面談」を紹介し、産業医や専門家から対象者に来室を促してもらうこともできるでしょう。

❹ 不調者への対応ルールの
適用・運営

3　早期発見・二次予防の充実策のまとめ

　以上のように、早期発見の対応ではさまざまな手法を工夫することができます。ただそれは、"これだけすれば、二次予防ができる"という絶対的な方法がないことの裏返しでもあります。

　3章で説明した「管理職への周知や研修」は、二次予防としての効果も期待できます。管理職が事例性の有無を日ごろから注意深く見るようになると、人事担当者の元に情報が早めに集約されるようになります。

　しかし、それでも絶対的な効果が得られるものではなく、産業医等のアセスメントにつながるケースは散発的なものにとどまるかもしれません。

　したがって、二次予防の充実とは、ここで紹介した手法や工夫を可能な限り積み重ねていくしかありません。その全体を図表4-2に示してみましたので、折に触れて見直してください。

図表4-2　早期発見・二次予防の充実策のまとめ

```
ストレスチェック    長時間労働    管理職との対話    定期健康診断
      ↓              ↓              ↓              ↓
  補足的な                     健康相談           保健指導
   面談
      ↓              ↓              ↓
         医師の面接指導
                     ↓
                  早期発見
```

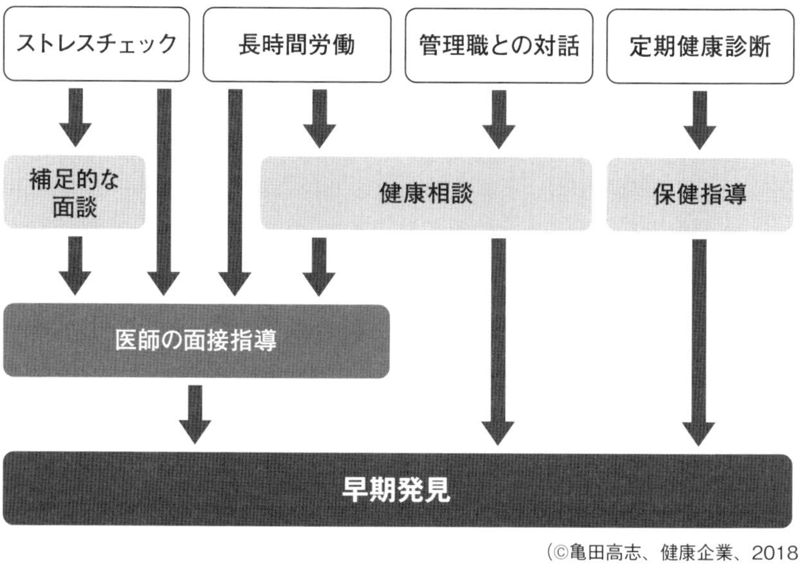

（©亀田高志、健康企業、2018）

なお、健康相談や補足的な面談を効果的に運営するには、これらを利用する従業員の心理的な抵抗をなくしていくことが必要です。それは、長時間労働者とストレスチェック制度の高ストレス者に医師の面接指導を受けてもらう際も同じです。

　従業員50人以上の事業場で毎月開催される衛生委員会で、繰り返しその必要性や不利益がないことを説いていくのもよいでしょう。

4　リワーク・プログラムの活用

　「リワーク」は再び働くという意味であり、職場復帰を目指して対処していくことです。「リワーク・プログラム」は、メンタルヘルス不調で休業・休職中の者に対してリハビリテーションを行い、その復職を支援しようという取り組みです。これは、職場復帰の「三次予防」の充実に役立つ可能性があります。

　リワーク・プログラムとして人事担当者によく知られたものに、独立行政法人高齢・障害・求職者雇用支援機構により設置されている「地域障害者職業センター」があります。職業カウンセラーと称する担当者が、主治医と本人と職場側との調整・コーディネートを行い、就労能力の回復を職業訓練の観点から支援するものです。

　一方、職場が主体になって行われるリワーク・プログラムがありますが、こうした就労能力の回復を目指すリハビリテーションの場を提供できる企業は超大手企業に限られます。

　また、精神科の病院でも、リワーク・プログラムを積極的に行い、職場のメンタルヘルスへの関与に努力しているところがあります。病院に日帰りで通いながらリハビリテーションを行う「デイケア」というプログラムを、働く不調者に適用してリワーク・プログラムと呼んでいるところもあり、専門の病棟まで設置している医療機関もあります。この場合、医療機関がリワーク・プログラムを治療の一環として位置付けてい

❹不調者への対応ルールの
適用・運営

る場合が多いように思います。

　さらに、メンタルヘルス相談機関の中でも、リワーク・プログラムと称して企業等に職場復帰支援の枠組みを提供している場合があります。

　リワーク・プログラムは、不調に陥った人や家族にとって魅力的なリハビリテーションに見えます。他の職場で不調になった人と交流したり、ともに擬似職場を体験するリハビリテーションもできることから、企業等の人事担当者もリワーク・プログラムに期待する向きがあります。職場の健康管理に詳しい精神科医や産業医を専門とする医師や保健師等の学会でも、リワーク・プログラムに関する研究や調査が行われています。

　しかしながら「メンヘル・ナビ」では、不調者が回復できる環境を整えるために家族との連携を重視したり、復職準備性を確認する試し出勤を行うことを勧めています。基本的に、病状の安定は主治医の診断と治療に委ね、正しい生活習慣の維持と就労能力の回復は、家族の支援を受けながら本人が努力することと考えています。したがって、あえてリワーク・プログラムを「メンヘル・ナビ」の一部として位置付けてはいません。メンタルヘルス不調であること自体は、個人的な問題と考えるからです。

　もちろん、公的な機関や医療機関、あるいはメンタルヘルス相談機関で提供するリワーク・プログラムを、不調者が利用することを否定するものではありません。出勤と類似した時間に、通勤と同じように医療機関やメンタルヘルス相談機関に出掛ける疑似体験であっても、リハビリテーションを行うことは、復職準備性を高めることに効果があると思うからです。

　不調者が自身の判断でリワーク・プログラムを始めたり、企業等で費用を負担してリワーク・プログラムを外部委託する場合には、次のような点を考慮することをお勧めします。

> - リワーク・プログラムの具体的な目標は、単に症状の緩和だけではなく、復職準備性を回復させることになっているのか？
> - 本人の不調の種類は、リワーク・プログラムの対象として適切なのか？
> - リワーク・プログラムにおける治療側や提供側の所見を、産業医等の専門家に提供してもらえるのか？
> - リワーク・プログラムを提供する機関には、適切な精神科医が確実に関与しているのか？
> - リワーク・プログラム実施中に症状が悪化した場合、適切な治療や支援を受けることができるのか？　等

　費用を支払い、時間と労力を掛けてリワーク・プログラムの提供を受けるのであれば、他の業務委託と同じように、提供される内容や質をしっかり確認することが大切です。

　そして、いかなるリワーク・プログラムを経たとしても、「メンヘル・ナビ」で設定している「試し出勤」をクリアして、はじめて正式復職とする条件を維持するのがよいと思います。

　メンタルヘルス相談機関にリワーク・プログラムを委託するのであれば、「メンヘル・ナビ」の試し出勤制度をそのスケジュールの最後に統合し、リワーク・プログラムの成否を判断する流れとすることをお勧めします。

5　治療と仕事の両立支援

　働き方改革実行計画で課題とされている「治療と仕事の両立支援」は、職場復帰支援の流れと同じく、休業・休職や療養を経て復職し、治療を続けながら就労が継続できるという枠組みです。

　この治療と仕事の両立支援に関しては、厚生労働省が「事業場における治療と職業生活の両立支援のためのガイドライン」を公表して、企業における取り組みを促進しようとしています。

❹ 不調者への対応ルールの
適用・運営

　このガイドラインでは、厚生労働省は雇用の維持を強く謳い、その狙いの中で「がん、脳卒中、心疾患、糖尿病、肝炎、その他難病」を対象として、「治療が必要な疾病を抱える労働者が、業務によって疾病を増悪させることなどがないよう、事業場において適切な就業上の措置を行いつつ、<u>治療に対する配慮が行われるようにする</u>」ことを求めていくとしています。

　この「治療に対する配慮」、つまり、治療を続けながら就労もできるようにするというのが、両立支援のポイントになると思います。「メンヘル・ナビ」では、復職後とそのフォローの中で、職場での再適応と並行して治療を確実に続け、再発を防止する側面、つまり四次予防として、こうした考え方も参考にできると考えます。

　このガイドラインのメンタルヘルスの記載は限られていますが、独立行政法人労働者健康安全機構のWebサイトにも「メンタルヘルス不調をかかえた労働者に対する治療と就労の両立支援マニュアル」が公表されていることから、この「治療と仕事の両立支援」の考え方や手法も、「メンヘル・ナビ」におけるメンタルヘルス不調者への対応の体制と仕組みを整備する際に参照すべきと考えています。

　同機構では患者・家族側、医師等（精神保健福祉士などソーシャルワーカーも含んで）の医療側、産業医・衛生管理者・人事労務管理者などの企業側の三者間の情報共有のための連絡、調整が必要だとして、両立支援コーディネーターの養成事業も行われています。

　本マニュアルは、両立支援コーディネーターが治療就労両立支援チームの一員として、労働者、医療機関、事業場といった関係者間の仲介・調整のほか、治療方針、職場環境、社会資源等に関する情報の収集・整理等といった中心的な役割を担う場合に参照できるように作成されています。

　問題点は治療側と事業場側との認識の乖離にあるとして、それを埋めるために、Ⅰ．医学的見解（現症）、Ⅱ．安全衛生課題、Ⅲ．個人生活状況、Ⅳ．事業場側の懸念からなる四つの軸のアセスメントを行って現

状を分析する手法や、その調整役となる両立支援コーディネーターの活用し得るツールや参考となる事例が紹介されています。

「メンヘル・ナビ」は、この考え方と少し違って、産業医等の専門家が治療側と連携する形を取るとともに、そこに本人の家族も入ってくるほか、治療側とのやり取りのために様式例（214ページ以下）に示したようなツールも、"レシピ"として提供しています。

一方で、「事業場における治療と職業生活の両立支援のためのガイドライン」で環境整備として推奨されている対策は、「メンヘル・ナビ」の考え方とオーバーラップするところが多く、参考にできる面があると思います。

「事業場における治療と職業生活の両立支援のためのガイドライン」より抜粋・改変

4　両立支援を行うための環境整備（実施前の準備事項）

　事業場において、治療と職業生活の両立支援を行うための環境整備として取り組むことが望ましい事項は以下のとおりである。
(1) 事業者による基本方針等の表明と労働者への周知を行う。
(2) 両立支援に関する意識啓発のために研修等を行う。
(3) 相談窓口等を設置し、周知する。
(4) 両立支援に関する休暇制度、勤務制度や体制等の整備を行う。
　ア　休暇制度、勤務制度の整備と周知
　イ　労働者から支援を求める申出があった場合の対応手順、関係者の役割の整理
　ウ　関係者間の円滑な情報共有のための仕組みづくり
　エ　両立支援に関する制度や体制の実効性の確保
　オ　労使等の協力・協調の確保

特にこのうちの「ア　休暇制度、勤務制度の整備と周知」では、次のような人事制度が対象とされています。

❹ 不調者への対応ルールの
適用・運営

①休暇制度
　【時間単位の年次有給休暇】
　【傷病休暇・病気休暇】
②勤務制度
　【時差出勤制度】
　【短時間勤務制度】※育児・介護休業法に基づく短時間勤務制度とは別のもの
　【在宅勤務（テレワーク）】
　【試し出勤制度】

　このうち試し出勤制度は、テスト勤務として「メンヘル・ナビ」に含んでいますが、それ以外の制度は、できれば将来的に整備して、あらゆる病気の人に適用できるのが理想であると思います。症状や治療に応じた柔軟な勤務制度が必要な場面は、いかなる不調者においてもあり得ます。

　今すぐにこれらの制度を設けようとするのは現実的でないかもしれませんが、将来的にこうした柔軟な勤務制度を整えることで、必要な治療を確実に続けられる従業員が増えるメリットは小さくないと思います。そのことが再発防止に役立つ可能性があります。

　一方、「治療と職業生活の両立支援は、私傷病である疾病に関わるものであることから、労働者本人から支援を求める申出がなされたことを端緒に取り組むことが基本となる」としています。

　この申出が主流になり、相談窓口や専門家の関与が普通のこととなるのが理想だと思いますが、今のところ申出からの流れは、メンタルヘルス不調では少数派であると考えます。

　なお、がん等の重大な病気を対象に、復職後の経過が長期に及ぶ場合の解説もあります。

> 6　特殊な場合の対応
> (1) 治療後の経過が悪い場合の対応
> 　　労働者の中には、治療後の経過が悪く、病状の悪化により、業務遂行が困難になり、治療と職業生活の両立が困難になる場合もある。
> 　　……主治医や産業医等の医師が、労働のため病勢が著しく増悪するおそれがあるとして就業継続は困難であると判断した場合には、事業者は、労働安全衛生法第68条に基づき、就業禁止の措置を取る必要がある。
> 〈筆者注：メンタルヘルス不調の場合は主治医が主導〉
> (2) 障害が残る場合の対応
> 　　労働者に障害が残ることが判明した場合には、作業転換等の就業上の措置について主治医や産業医等の医師の意見を求め、その意見を勘案し、十分な話合いを通じて労働者本人の了解が得られるよう努めた上で、就業上の措置を実施する。……
> (3) 疾病が再発した場合の対応
> 　　労働者が通常勤務に復帰した後に、同じ疾病が再発した場合の両立支援も重要である。事業者は、治療と職業生活の両立支援を行うに当たっては、あらかじめ疾病が再発することも念頭に置き、再発した際には状況に合わせて改めて検討することが重要である。

　メンタルヘルス不調でも長期にわたって経過が安定せず、就労の継続が望ましくない場合には、産業医等に主治医と情報交換を図ってもらい、再休業や再休職の措置をとる必要も、時としてあります。

　その流れは、治療と仕事の両立支援と共通であることも、知っておくとよいと思います。

6　障害者雇用

　2018年4月から、障害者の法定雇用率が民間企業では2.0%から2.2%に引き上げられ、その後3年以内に2.3%となることとされています。対象となる事業場の規模も従業員50人以上から45.5人以上へと枠が広が

❹ 不調者への対応ルールの適用・運営

り、同時に法定雇用率の算定基礎の対象に精神障害者を追加できることになりました。

「メンヘル・ナビ」としては、積極的に精神障害者を雇用しようとか、把握している不調者に精神障害者保健福祉手帳を取ってもらおうということは強調しません。

復職がうまくいかず、どうしても退職になってしまうケースや、経済的なメリットを優先したい不調者のケースであって、この法定雇用率にカウントすることで雇用確保等ができる場合には考慮してはどうかというレベルの、消極的な立場を取っています。

障害者雇用率の対象となる精神障害者には、精神障害者保健福祉手帳の3級以上が相当しますが、職場のメンタルヘルス不調としてしばしば見られる「気分（感情）障害～気分の障害、意欲・行動の障害、思考障害」を持ち、"日常生活もしくは社会生活に制限を受けるか、または日常生活もしくは社会生活に制限を加えることを必要とする程度のもの"という、この3級相当の次のようなケースは、十分にあり得ると思います。

- 精神障害の状態が、日常生活または社会生活に制限を受けるか、日常生活または社会生活に制限を加えることを必要とする程度のものである。
- 一人で外出できるが、過大なストレスがかかる状況が生じた場合に対処が困難である。
- デイケア、障害者自立支援法に基づく自立訓練（生活訓練）、就労移行支援事業や就労継続支援事業等を利用する者、保護的配慮のある事業所で、雇用契約による一般就労をしている者も含まれる。
- 日常的な家事をこなすことはできるが、状況や手順が変化したりすると困難が生じてくることもある。清潔保持は困難が少ない。
- 対人交流は乏しくない。引きこもりがちではない。自主的な行動や、社会生活の中で発言が適切にできないことがある。行動のテンポはほぼ他の人に合わせることができる。普通のストレスでは症状の再燃や

悪化が起きにくい。金銭管理はおおむねできる。
- 社会生活の中で不適当な行動をとってしまうことは少ない。

　もしも、就業規則で定められた病気休職期間満了が近づいてもなお復職の目処が立たないような場合、障害者雇用の枠のほうが不調者本人によいかもしれないのであれば、産業医等の専門家と連携して、家族も含めて本人と協議してもよいかもしれません。

　ただし、就労して不調となり、休業や休職といった経過を予想だにしていなかった人にとっては、障害者手帳を取得したり、障害者として扱いを受けることで、さらに強いストレスを感じることがあります。障害者手帳の取得等は、あくまで本人の自由意思に委ねる形にとどめるべきでしょう。

図表4-3 「合理的配慮」と「就業上の配慮」

合理的配慮	就業上の配慮
● 業務指導や相談に関し、担当者を定めること ● 業務の優先順位や目標を明確にし、指示を一つずつ出す。作業手順を分かりやすく示したマニュアルを作成する等の対応を行うこと ● 出退勤時刻・休暇・休憩に関し、通院・体調に配慮すること ● できるだけ静かな場所で休憩できるようにすること ● 本人の状況を見ながら業務量等を調整すること ● 本人のプライバシーに配慮した上で、他の労働者に対し、障害の内容や必要な配慮等を説明すること	● 短時間勤務 ● 軽作業や定型業務への従事 ● 残業・深夜業務の禁止 ● 出張制限（顧客との交渉・トラブル処理などの出張、宿泊を伴う出張などの制限） ● 交替勤務制限 ● 業務制限（危険作業、運転業務、高所作業、窓口業務、苦情処理業務等の禁止または免除） ● フレックスタイム制度の制限または適用（ケースにより使い分ける） ● 転勤についての配慮

❹ 不調者への対応ルールの適用・運営

　もしも、本人から同意が得られ、障害者手帳の取得を経て、そのような枠組みでの雇用となった場合には、「職場復帰支援の手引き」に示される「就業上の配慮」とは若干異なる、「合理的配慮」の取り扱いとなります。図表4-3に対比を示していますので、参考としてください。

7　早期発見と再発防止の取り組みが充実した後のイメージ

　本章の内容を参照しながら、できる範囲で早期発見や再発防止の取り組みを進めていくと、不調者への対応が確実な二次予防、三次予防、四次予防までの"レール"の完成度を高めることができます（図表4-4）。

　残るは、実際に発生した不調者をこのレールに確実に乗せて、対応を進めていくだけです。

図表4-4　「メンヘル・ナビ」の全体像（早期発見・再発防止の充実後）

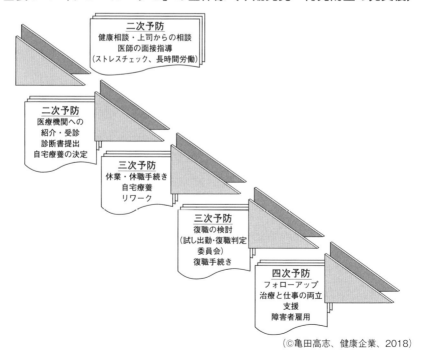

（©亀田高志、健康企業、2018）

2 個別の不調者への対応ルールの適用

さて、人事担当者として「メンヘル・ナビ」を使いこなすには、個別のケースの情報を入手したら、これを分析していくことが大切です。

その際のポイントには、次のような点があります（27ページの図表⑦「個別の不調者に関する分析項目」より）。

- **事例性**：職場での問題はどのようなものか
- **疾病性**：病気の有無、診断される病名、病状の重さはどうか
- **作業関連性**：行政や司法から職場の責任を問われないか
- **リスク**：自殺や事件に至る可能性の有無と、それが大きいか小さいか
- **損失**：労働損失や事業への影響が大きいか小さいか

特に事例性、疾病性、作業関連性といった分析は、管理職への周知でも説明したように、「メンヘル・ナビ」においては関係者にとっての行動基準にもなるものです（177ページ「スライド例⑨対応する際の考え方のポイント」より）。

これらを分析するメリットには、図表4-5のようなポイントがあることを確認してみてください。

図表4-5　個別のケースの分析を行うメリット

事例性	●労働損失を可視化し、問題解決の焦点を病気でなく、職場の問題として見直すことができる ●関係者の対話で共通認識ができる
疾病性	●典型的なうつ病か、いわゆる新型うつなのかという情報を正確に入手できる ●その結果に応じて、病気の特徴に合わせた対応ができる
作業関連性	●労災補償や民事訴訟で問われる、企業等の責任を把握できる ●管理職と人事担当者の間で情報共有し、軽減に協力できる

❹不調者への対応ルールの
適用・運営

　そして、図表4-2の「早期発見・二次予防の充実策のまとめ」で説明した流れから考えると、人事担当者の元に不調者の情報が入る場合は、次のようなルートがあり得ます。

人事担当者のところに不調者からの相談が入る場合

- 管理職からの相談
- まれに従業員からの申告
- 産業医からの意見、報告
- まれに健診機関等の医師からの意見、報告
- 保健師、看護師、心理カウンセラー等からの報告
- ごくまれに家族からの相談
- 何らかの事件やトラブル

　こうした相談があり、不調者が把握されたら、漏れなく問題を聴取し、すぐに分析すると問題点が整理でき、その後の対応の方針がおのずと明らかになっていきます。

　そして、時間経過とともに、詳細な対応の流れに沿って、ご自身も含めて関係者が取るべき行動をフォローしていけばよいのです。

1　分析シート1

　ここで、個別のケースの分析で用いる214ページ以下の様式例を紹介します。

　この「不調者・個別ケース分析シート1」では、不調者の把握当初の段階での情報収集を想定しています。

　「事例性」をまず分析するのがポイントで、先ほどの「人事担当者のところに不調者からの相談が入る場合」に示したルートを確認し、勤怠の乱れや業務の生産性の低下、コミュニケーションの悪化や身だしなみの乱れ、あるいは何らかの問題となる行動があれば、記載します。

次に、「疾病性」の情報の有無を確認します。もしもまだ入手していなければその方法を検討し、予定を立てます。診断書があれば、それを確認することもできます。

　職場側の責任を検討する「作業関連性」のところには、事例性が顕在化する前に、いわゆる過重労働やパワハラ等がなかったかを検討した結果や判断を記載します。

　さらに、関係者間の連携、つまり情報の共有と目標設定の統一が取れているかを確認します。

　最後に、不調者を把握した段階で、人事担当者としてどのようなアクションをするのかを考えるようにデザインしています。

　この様式を使うと、病気である、あるいはその可能性に惑わされずに、職場における問題点を整理し、取るべき行動を明確にできます。可能であれば、上司である管理職と一緒に分析してもよいと思いますし、分析した結果を共有してもよいでしょう。

❹ 不調者への対応ルールの適用・運営

様式例① 不調者・個別ケース分析シート1

	記入者氏名
把握・相談日時	年　　月　　日（　）　　時　　分〜
把握・相談のルート	・上司 ・本人 ・専門家（　　　　　　　　　　　　　　　　　） ・その他（　　　　　　　　　　　　　　　　　）
該当者・不調者氏名	
所属・職位	
事例性	① ②
疾病性の確認	年　　月　　日（　）　　時　　分〜
把握のルート	・産業医 ・本人 ・主治医（　　　　　　　　　　　　　　　　　） ・その他（　　　　　　　　　　　　　　　　　）
疾病性	① ②
診断書	・あり ・なし
	"なし"の場合の対応
作業関連性	・あり ・なし
	"あり"の場合の根拠
連携の良否 （情報と目標の共有） （経営者、人事部門、上司、産業医等＋家族）	・よい ・十分でない ・悪い
	"十分でない"・"悪い"の場合の対応
対応・計画	

（©亀田高志、健康企業、2018）

演習1

　ここからは、仮想事例を用いて、実際の不調者の分析を解説します。人事担当者である自分の元へ、平日の夕方に営業部門の管理職Aさんが相談に来たと想像してみてください。

> 従業員：M. Fさん
> 年齢等：26歳（入社3年目）、女性、独身
> 学歴：大学卒
> 状況：配属後の仕事は堅実にこなし、職場での評価もまずまずだった。1年間は見習い的な立場だったが、今年に入り、独り立ちしつつあった。ところが、ある顧客企業の担当になってしばらくしてから、今までにない勢いで残業が増えていった。この段階で長時間残業者のリストに挙がったため、人事部からAさんに、M. Fさんについて注意を促すメールを発信していた。その後も顧客対応を理由とする残業が2カ月ほど続き、先月に風邪と発熱を理由に2日連続して突発休があった。その3日目の午後に出社して来た時に、職場で突然泣き出した。
> 　Aさんが聴取したところ、大学時代から付き合っていた彼氏と別れたショックで体調が悪いと言う。食事は取れているのかと尋ねると、一人暮らしだがマンションの1階にコンビニがあるから大丈夫だとのこと。それ以降は勤怠が安定しない傾向が続き、今週初めに任せているはずの仕事が進んでいないとの報告が、先輩格の従業員からあった。

　このような相談があった場合によくある助言は、「本人に事情を聞いてみたらどうか」とか、「少し休養させよう」というものですが、「メンヘル・ナビ」では、「分析シート1」（様式例①）を用いて問題点を整理し、次に取るべきアクションを確認することができます。
　以上から、取るべき対応は疾病性の確認であり、作業関連性の疑いから保護的に対応するほか、両親と接触して連携を取る必要があると整理できます。

❹ 不調者への対応ルールの適用・運営

様式例① を用いた記入例-1

	記入者氏名　人事部　○○○○
把握・相談日時	20** 年 ** 月 ** 日（*）13 時 ** 分～
把握・相談のルート	・(上司)　営業部A課長 ・本人 ・専門家（　　　　　　　　　　　　　　　　） ・その他（　　　　　　　　　　　　　　　　）
該当者・不調者氏名	M.F.　26歳（大卒、入社3年目）、女性、独身
所属・職位	営業、部員
事例性	①　勤怠が安定しない ②　任せているはずの仕事が進んでいない
疾病性の確認	年　　　月　　　日（　）　　　時　　　分～ 未実施
把握のルート	・産業医 ・本人 ・主治医（　　　　　　　　　　　　　　　　） ・その他（　　　　　　　　　　　　　　　　）
疾病性	①　未確認 ②
診断書	・あり ・(なし) "なし"の場合の対応 産業医と相談
作業関連性	・(あり) ・なし "あり"の場合の根拠 今年**月に長時間残業者のリストに挙がっていた
連携の良否 （情報と目標の共有） （経営者、人事部門、上司、産業医等＋家族）	・よい ・(十分でない) ・悪い "十分でない"・"悪い"の場合の対応 ①　上司とは取れているので、産業医との情報共有とともに、親御さんとの接触を本人の同意を得て試みる。
対応・計画	①　産業医による疾病性の確認 ②　体調を理由とする産業医の面談をM.F.にA課長から勧める ③　作業関連性のある可能性を産業医と事前に共有する

（©亀田高志、健康企業、2018）

演習2

先ほどのケースで、営業部門のA課長とともに人事担当者としてM. Fさんへの対応を一緒に行ったと仮定した場合の経過が、次のようになったとします。

> 従業員：M. Fさん
> 状況：A課長に依頼された翌日の昼過ぎ、M. Fさんとの対話に同席する。本人としては、不調に見えるのは寝不足によるもので、学生時代も経験したことがあり、回復するはずと言っていたが、念のためという説得に応じて、翌週の産業医との面接に同意させた。
>
> 　産業医に1時間近く話をしてもらったところ、不調の可能性があるため、自宅近くの精神科への受診を勧め、紹介状に記入したとのこと。これをもって受診したという報告が本人からあったとの連絡が、A課長から週明けにあった。
>
> 　その2日後に診断書を持参したM. Fさんと、A課長とともに面談したところ、「うつ状態で休養加療が必要」との診断が記載されていた。その段階で、一人暮らしでは自宅療養が難しいという理由で、隣の県に住む両親への説明を本人に提案した。最初は嫌がっていたが、学生時代も自宅通いだったこともあり、両親からの支援は嫌でもないようだった。
>
> 　その翌日、本人から指定された時間に実家に連絡し、状況を説明したところ、電話に出た母親は驚いた様子だったが、本人に実家に帰るよう促すとして、会社側の対応を信頼すると言ってくれた。
>
> 　その週のうちにM. Fさんの担当していた顧客企業等の仕事をA課長がいったん引き継ぎ、本日に至る。明日、M. Fさんと母親が来社した折に、休業・休職の手続きを進め、休職・復職手続表と復職願、療養記録表の様式を手渡して復職までの流れを説明する予定。

　ここまでの経過を先ほどの「分析シート1」（様式例①）に記入してみると、記入例-2のようになります。

❹ 不調者への対応ルールの適用・運営

様式例① を用いた記入例-2

記入者氏名　人事部　○○○○

把握・相談日時	20** 年 ** 月 ** 日（*）13 時 ** 分～
把握・相談のルート	・(上司) 営業部A課長 ・本人 ・専門家（　　　　　　　　　　　　　） ・その他（　　　　　　　　　　　　　）
該当者・不調者氏名	M.F. 26歳（大卒、入社3年目）、女性、独身
所属・職位	営業、部員
事例性	① 勤怠が安定しない ② 任せているはずの仕事が進んでいない ※ 変更なし
疾病性の確認	20** 年 ** 月 ** 日（*）13 時 ** 分～ ※ 産業医による紹介受診
把握のルート	・(産業医) ・本人 ・主治医（　　　　　　　　　　　　　） ・その他（　　　　　　　　　　　　　）
疾病性	① うつ状態で休養加療が必要 ②
診断書	・(あり) ・なし
	"なし"の場合の対応
作業関連性	・(あり) ・なし
	"あり"の場合の根拠 今年**月に長時間残業者のリストに挙がっていた
連携の良否 （情報と目標の共有） （経営者、人事部門、上司、産業医等＋家族）	・(よい) ・十分でない ・悪い
	"十分でない"・"悪い"の場合の対応 ※ 家族（母親）との連携が取れた
対応・計画	① 休職手続きの完了 ② 自宅療養中の注意事項と復職の手続きの説明 ③ 本人とともに母親に説明

（©亀田高志、健康企業、2018）

この分析シートへの記入を通して、その段階での対応に抜けたところがないという確認が可能になります。

2　分析シート2

　このようにして、休業から休職へと進んでいきます。適切な診断と治療によって療養の環境が整えば、再燃・再発の恐れは残るものの、多くの不調者は回復してきます。

　そうなると、次の課題は「復職準備性」、つまり、就労に耐え得る気力と体力を回復しているのかという確認に移ります。

　「メンヘル・ナビ」における不調者への対応ルール等の中に、
◇復職願による復職の意思表示
◇主治医による復職可能との診断書の提出
◇療養記録表における適切な状態、生活習慣の証明
◇試し出勤による就労能力の回復状況の評価
◇復職判定委員会における関係者による課題の検討と意思統一
という五つのポイントにより、可能な限り正確に就労の可否を判断する仕組みを設けています。

　こうした段階でも人事担当者としてしっかりと分析を行い、不調者対応のルールから逸脱せずに復職するまでを見守っていけるよう、次の段階で用いる「分析シート2」（様式例②）を紹介します。

　なお、この段階では、復職準備性以外に現実的な職場再適応を妨げる要因として、職務適性や個人の事情も検討することをお勧めします。

　厚生労働省も職場のメンタルヘルスの専門家も、復職に際しては「元の職場から」を原則としていますが、明らかに適性のない仕事を強いることが不調に影響することもあります。

　また、個人的な事情、例えば両親の介護を抱えているなら、その点を職場としても支援し得るのかを検討することで、復職準備性を改善し、

❹ 不調者への対応ルールの適用・運営

様式例② 不調者・個別ケース分析シート2

	記入者氏名	
把握・相談日時	年　　月　　日（　）　　時　　分〜	
該当者・不調者氏名		
所属・職位		
事例性	① ②	
疾病性	① ②	
作業関連性 （会社責任性）	・あり ・なし	
連携の良否 （情報と目標の共有）	・よい　　・十分でない　　・悪い	
復職準備性	復職願 　提出予定 ・ 提出済み ・ 未提出 ・ 不明	
	主治医による復職可能との診断書 　提出予定 ・ 提出済み ・ 未提出 ・ 不明	
	療養記録表 　提出予定 ・ 提出済み ・ 未提出 ・ 不明	
	試し出勤 　実施予定 ・ 実施中 ・ 実施後 ・ 実施せず	
	産業医面接・評価 　良好・不良・不明・その他（　　　　　　　　）	
	復職判定委員会 　実施予定 ・ 実施中 ・ 実施後 ・ 実施せず	
	復職準備性の判断 　良好・不良・不明・その他（　　　　　　　　）	
復職判断	休職継続 ・ 試し出勤 ・ 復職可 ・ その他（　　　）	
職務適性	・よい ・どちらともいえない ・悪い	
個人の事情や問題	・ある ・なし ・解消の提案（　　　　　　　　　　　　　　）	
ルール適用	・よい ・どちらともいえない ・悪い	
当面の目標 （落としどころ）		

（©亀田高志、健康企業、2018）

就労を安定させる場合もあります。それらの点も、この分析シートを用いることで検証・検討することができます。

 演習

M. Fさんの療養がうまく進み、復職の意思表示があれば、準備性の確認を行っていくことになります。そうした流れの中で、この分析シートを用いて、最善の対応ができているのかを確認することができます。

> 従業員：M. Fさん
> 状況：実家での療養となったM. Fさんは、実家に戻った当初は著しい不眠と食欲不振があったものの、実家近くの精神科クリニックを紹介してもらい、通院を始めてからは徐々に改善してきたとの連絡が、療養開始後2カ月経った段階で母親から入った。
> 　その後、休職前に説明したとおり主治医に相談し、翌月以降なら復職できる可能性があるとの意見をもらったとのことで療養記録表を付け始め、後日、復職願や主治医による診断書、療養記録表が郵送されてきた。
> 　復職判定委員会を産業医の出務日に開催したところ、通常どおりに試し出勤を行うこととなり、その2週間後の月曜日から4週間の試し出勤を実施した。営業としての外回りではなく、内勤の初歩的な業務であったものの、A課長が見たところでは不調に陥る前と変わらない様子であったことと、1日だけ腹痛を訴えて早退し、翌日遅刻して出勤した以外は勤怠の問題もなかったとのことだった。最終週には産業医との面談も実施しており、体調の悪化もなく、問題なしとのコメントであった。
> 　そうした段階で明日、あらためて復職判定委員会を開催する予定。

復職準備性を評価する段階で先ほどの「分析シート2」に記入してみると次ページの記入例のようになり、復職ができそうだという判断を復職判定委員会で行うことが適当だと見込むことができます。

❹ 不調者への対応ルールの適用・運営

様式例② を用いた記入例

記入者氏名　人事部　○　○　○　○

把握・相談日時	20＊＊年＊＊月＊＊日（＊）13時＊＊分〜　※検討日
該当者・不調者氏名	M.F.　26歳（大卒、入社3年目）、女性、独身
所属・職位	営業、部員
事例性	①　勤怠が安定しない ②　任せているはずの仕事が進んでいない　※変更なし
疾病性	①　うつ状態で休養加療が必要 ②
作業関連性 （会社責任性）	・(あり) ・なし
連携の良否 （情報と目標の共有）	・(よい)　・十分でない　・悪い
復職準備性	復職願 　提出予定・(提出済み)・未提出・不明
	主治医による復職可能との診断書 　提出予定・(提出済み)・未提出・不明
	療養記録表 　提出予定・(提出済み)・未提出・不明
	試し出勤 　実施予定・実施中・(実施後)・実施せず
	産業医面接・評価 　(良好)・不良・不明・その他（　　　　　　　）
	復職判定委員会 　(実施予定)・実施中・実施後・実施せず
	復職準備性の判断 　(良好)・不良・不明・その他（　　　　　　　）
復職判断	休職継続・試し出勤・(復職可)・その他（　　　　　）
職務適性	・よい ・(どちらともいえない) ・悪い
個人の事情や問題	・ある ・(なし) ・解消の提案（　　　　　　　　　　　　　　　）
ルール適用	・(よい) ・どちらともいえない ・悪い
当面の目標 （落としどころ）	①　まずは営業部の内勤業務で復職を果たすこと ②　外回りの仕事は数カ月の就労の安定を見てから判断する

（©亀田高志、健康企業、2018）

3　個別の不調者への対応のまとめ

　以上のように分析シートを活用しながら、不調者対応ルールに定めた手順や手続きを漏れなく進め、不調者本人や上司である管理職、産業医あるいは専門家、主治医、そして可能であれば家族といった関係者に、なすべきことを確実に行ってもらうようにしましょう。

　ここで挙げた事例では、療養によって回復も確実となった、対応のしやすいケースを示してみました。

　しかし、現実の職場で遭遇する不調者では、時に自殺未遂や行方不明になるような想定外の問題が起きたり、復職後に症状が再燃・再発して、逆戻りすることもあると思います。

　このようなときも、復職後であっても事例性が出現したら基本に立ち返り、「分析シート１」（様式例①）を使いながら、事例性の分析から再開すればよいのです。

　人事担当者はこの「メンヘル・ナビ」を主管する立場ですから、上司によるパワハラが原因と本人や家族が主張するような事例であっても、分析シートを見直しながら、中心的な役割を担いつつ対応を進めていただきたいと思います。

　なお、１章で紹介した様式類の書面は、各関係者が必ず使用すべきものです。例えば、産業医が不調者と面接したら必ずそれを記録してもらうよう、その保管も含めて産業医に再確認しましょう。

　顕在化した事例性や健康相談等の流れから不調者を早めに発見し、傾きが十分にある"レール"の上に乗せ、途中でこぼれ落ちないように支援しつつ復職を成功させ、再発防止を見守っていくというイメージは、図表４-６のとおりです。

　この後の作業としては、複数の不調者が発生しても同じ対応を繰り返すだけだと考えてよいでしょう。

❹ 不調者への対応ルールの適用・運営

図表4-6 「メンヘル・ナビ」の全体像（個別の不調者への運用）

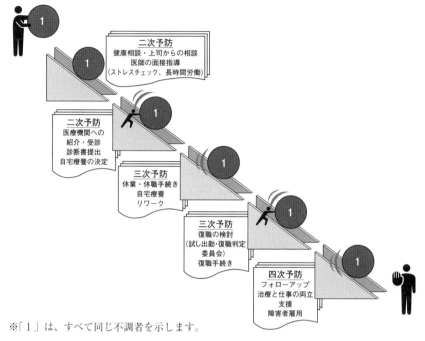

※「1」は、すべて同じ不調者を示します。

（©亀田高志、健康企業、2018）

3 すべてのケースをリスト化し、進捗管理を行う

　不調者への対応ルールを運用して確認・分析した情報を不調者ごとにまとめると、自社等の全体リストを作ることができます。

　不調者が複数に増えたとしても、おのおのの分析シートを見ながら、全体のリストで管理していくことを「メンヘル・ナビ」ではお勧めします。この不調者全体の進捗管理を行うことは、「メンヘル・ナビ」の「運営」に当たります。

　これらを行うことが大切な理由は、かかりっきりだったある人の事例がいったん落ち着くと、業務の忙しさにかまけて、その事例だけでなく、他の事例の管理も疎かになってしまう人事担当者が少なくないからです。

　自殺の危険性や問題行動によるトラブルなどがなくても、月に1回程度でよいので、関係者、特に産業医と担当者の間で作成したリストを使って確認するのがよいと思います。

　このリストを用いれば、社内や事業所のすべての不調者の状態を把握できます。行うべき手順や手続きを忘れていないか、不足している情報がないかどうかを、月単位で見直せるほか、個々の対応の精度を向上させることにも役立ちます。

　こうしてメンタルヘルス不調による企業全体のリスクと損失が一目瞭然となり、経営者や役員が方針を表明する際の説明の材料としても利用できます。

1 対応の質を評価していくポイント

　リスト化を行うための文例を示す前に、不調者への対応の質や効果を評価するポイントがあることを知っておいてください（図表4-7）。
　せっかく対応ルールを作ったのに、それを踏襲しない人事担当者がい

❹ 不調者への対応ルールの
適用・運営

図表4-7　対応の質と効果を評価するポイント

社内ルールへの適用の状況	● ルールからの逸脱がないか？
産業医等の関与	● 関与はあるか？　四つの役割は確実か？
リスク（レベル）	● 自殺や問題行動による事件等の恐れはないか？
損失	● 休業、休職日数はどうか？

ます。それまでの習慣で、その担当者の裁量や想いで判断したり、個別の調整を行っていては、復職が成功する確率は高くなりません。その担当者がいなければ回らない体制や仕組みでは、持続性や継続性が担保されません。

　把握された不調者については必ず、対応ルールに従って休業→休職→復職へと進んでいくことが、成功の鍵です。それを確実にするために、先ほど紹介した分析シートが役に立つのです。

　「メンヘル・ナビ」の運営には、対応ルールの一環として産業医等の専門家の関与と、これまで説明してきた四つの役割の遂行が欠かせません。それが確実に実行されているかを、把握するすべての不調者に関して、月次で見直し続けることが大切です。

　不調の問題に人事担当者として向き合うなら、潜在リスクとそのレベル、そして可視化できる損失を意識していく必要があります。

　例えば、上司である管理職が、自殺をほのめかす言動を本人から聞いた場合、産業医等の専門家と連携し、疾病性の確認と合わせて主治医と情報交換してもらうアクションが必要です。

　適宜リストを使って、不調者ごとにリスクがあるのか、そのレベルが

どうなのか、あるいは変化しているのかを確認しましょう。

リスクとともに損失を減らすのが、「メンヘル・ナビ」の狙いです。その損失は、人事部門で直接的に測定できる休業や休職、あるいは出勤してはいるけれども十分に働くことができない日数等で把握することもできます。

2　不調者のリスト化のポイント

実際に使用する「不調者リスト」（図表4-8）の例を、次に示します。

属性情報
⇨ **不調者の従業員情報を記入する。**
　氏名、社員番号、年齢（歳）、性別（男・女）、
　所属部署・職位、上司氏名

分析項目
⇨ **先ほど説明した個別ケースの分析結果を記入する。**
　流れに沿った段階、事例性、疾病性、作業関連性、
　通院・治療状況、家族との連携

評価項目
⇨ **対応の質と効果を測る二つの項目について記入する。**
　質の管理に当たる項目
　　● 管理状況、ルール類の適用、産業医等の関与
　効果測定を行う項目
　　● リスクレベル、損失日数

目標設定
⇨ **"落としどころ"を記入する。**
　個別事例のリスクと損失に対し、許容できる状態を考え、記入する。

リスト化する際には、把握している不調者ごとに、これらの項目を表形式で横軸に記載していきます。記入された情報は極めて機密性が高い

❹ 不調者への対応ルールの適用・運営

図表4-8 不調者リスト（例）

20 年 月 日 記入後 取り扱い注意

項目 番号	属性情報							分析項目						評価項目				目標設定
	氏名	社員番号	年齢	性別	所属部署	職位	上司氏名	段階	事例性	疾病性	作業関連性	通院・治療状況	家族との連携	管理状況	ルールの適用	産業医等の関与	リスク	損失日数	落としどころ
			歳	男・女				休職中等	有・無	軽・中・重	有・無	良・悪	有・無	良・不良	適切・否	有・無	大・中・小	（日）	（自由記入）
1																			
2																			
3																			
4																			
5																			
6																			
7																			
8																			
9																			
10																			

（©亀田高志、健康企業、2018）

ので、人事部門でのみ使用するにとどめておく必要があります。

このリストを毎月、例えば産業医等の専門家に助けてもらいながら記入すると、次のような「抜け」が明らかになることがあります。

分析項目
- **事例性**：職場の問題を把握していない
- **疾病性**：病気の有無とその情報がない
- **作業関連性**：自社等に責任があるのかないのか分からない
- **通院・治療状況**：通院しているのか治療を受けているのか分からない
- **家族との連携**：家族との情報交換や目標の共有ができていない

評価項目
- **管理状況**：不調であることが分かっていても、人事部門として関わることができていない
- **ルール類の適用**：対応ルールから逸脱している
- **産業医等の関与**：専門家の関与が不確かである
- **リスクレベル**：リスクの有無やその程度が分からない
- **損失日数**：損失がどれくらいあるのか分からない

目標設定
- **落としどころ**：目標設定が不明である

こうした「抜け」が分かったら、すぐに確認し、関係者と連携をとりましょう。実際に月次でリストを更新することは、この「抜け」をつぶしていくことと同じであり、とても大切です。これを更新することは、
- **リスクが大きければこれを小さくする努力**
- **損失が大きければこれを小さくする努力**

につながります。

❹ 不調者への対応ルールの
適用・運営

　実際にこの不調者リスト1枚で、自社のメンタルヘルス不調にかかわるリスクと損失が一目で分かるようになるだけでなく、メンタルヘルス不調者の状況がどうなっているか、人事部門の担当役員や社長にまで簡潔に説明できるほどです。

　それが、すべてのケースの進捗管理を継続して行っていく、「メンヘル・ナビ」の「運営」の意義なのです。

4 「メンヘル・ナビ」全体の運営を継続する

　これで、「メンヘル・ナビ」の第4ステップである「不調者への対応ルールの適用・運営」が完了しました。

　当初の目標であった、「人事担当者が主体的にメンタルヘルス不調に付随する問題を解決する体制と仕組みを作り、標準的で定型的な運用に落とし込むこと」は、これで達成できたことになります。

　いわゆるシステムを作り上げたのと同じなので、例えば人事担当者が異動してメンタルヘルス不調者の担当が変更になっても、後任の人がシステムを引き継げば、同じレベルの対応が可能になります。

　「メンヘル・ナビ」に関して、システムとして最後にご理解いただきたいのは、図表4-9のような考え方です。

　「メンヘル・ナビ」には、まず体制づくりが必要であり、その土台（ストラクチャー）として経営者の方針公表による後押しが必須です。これには、産業医等の関与や管理職の対応がベースになければなりません。

　次に、すべての不調者に適用する対応ルール（仕組み）を作ります。体制と仕組みを作ることは、2章、3章で説明しました。

　さらに、対応ルールの適用状況や各項目の評価を通じ、個別事例と全体の効率を月次で観察します（パフォーマンス）。そして、最終的にリスクと損失の合計を見るわけで（アウトカム）、これが目指す効果その

図表4-9 「メンヘル・ナビ」のシステムとしての成り立ち

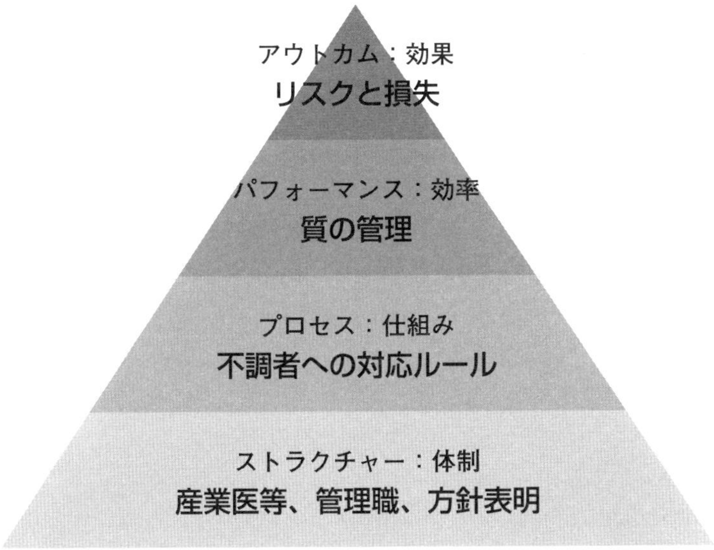

```
            アウトカム：効果
             リスクと損失

          パフォーマンス：効率
              質の管理

         プロセス：仕組み
         不調者への対応ルール

       ストラクチャー：体制
      産業医等、管理職、方針表明
```

ものに当たります。

　この「ストラクチャー」「プロセス」「パフォーマンス」「アウトカム」というのは、健康管理分野において、健康施策の評価を行う際の四つの評価軸です。

　将来的に経営者や幹部、産業医等の交代があれば、ストラクチャー、つまり対応の体制の維持を図らなければなりません。管理職研修を実施したならば、管理職の記憶が薄れないように繰り返し実施する必要がありますし、新任管理職にも学んでもらう機会を設けます。

　就業規則にしても社内規程にしても、法令の改正や新しいガイドラインの公表があれば、それに対応して改定する必要が生じます。

　すべての不調者に対応ルールが適用されているか、つまり質と効率を月次で見続けていかなければなりません。そうした努力を経て、ようやく不調者の抱えたリスクや労働損失が減少してアウトカムが得られる可

能性が出てくるのです。

　以上の考え方をよく理解して、「メンヘル・ナビ」を人事担当者のルーチンワークとしていただければ幸いです。

　ここまで到達できると、図表4-10のように、すべての不調者が適切に管理される状態が持続的に維持できるようになっていると思います。

図表4-10　「メンヘル・ナビ」の全体像（第4ステップ完了）

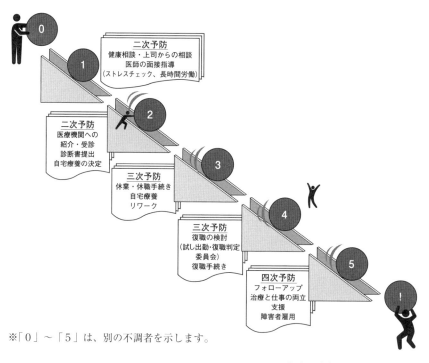

※「0」～「5」は、別の不調者を示します。

（©亀田高志、健康企業、2018）

あとがき

　最後まで、本書をお読みくださり、どうもありがとうございました。
　旧版を上梓してから、5年ほどの間に、ストレスチェックの義務化、産業医と産業保健の機能強化等を含む働き方改革実行計画の公表、そして、産業医の職務に関連する労働安全衛生規則の改正等がありました。これらは対策の向上に役立つ反面、現場での運用にさらなる課題をもたらしていると感じていました。
　そのような折に、労務行政研究所の川津元洋さんに、お話をいただき、この改訂版を上梓することができました。原稿の遅れで随分とご迷惑をおかけしましたが、非常に丁寧に編集作業も進めていただきましたことに、この場をお借りして、深く感謝申し上げたいと思います。

　本書の内容を考えるにあたり、意識したことは、市場における売り手と買い手の持っている情報の質・量のギャップ、いわゆる『情報の非対象性』のようなものが、メンタルヘルス対策にも存在しているということでした。
　このギャップを少しでも解消したいと考え、専門的な事柄をなるべく平易に、法令指針の単なる解説にとどまらない、現場での実践に役立つ内容となるよう、最大限、努力しました。
　旧版と同様に本書に記述した内容は、研究室の中で考案したものではありません。企業等の現場でコンサルティング活動や講演、研修講師を通じて、様々な質問や相談を受けつつ、試行錯誤を繰り返す中で、学んできた事柄です。そのような機会をいただいた、企業等の関係者、交流のある社会保険労務士の先生方、私の関係する各団体の方々にも、あらためて御礼申し上げたいと思います。

さて、少子高齢化の進展によって、生産年齢人口の減少が顕在化し、女性活躍や高年齢労働の一般化が進んだとしても、慢性的な人手不足が続く環境下で、これからの職場運営は容易ではないと考えられます。

　人事労務管理や関連する法令規則への対応全般から見たときに、メンタルヘルスの占める割合は、ごく一部でしかないと思います。けれども、うつ病等の不調や付随する就労不能や退職、あるいは自殺や自殺未遂といった問題は、企業等の人事部門の普遍的な課題であり続けることでしょう。

　そうした人材のリスクや損失の軽減、組織全体の生産性の維持、向上のために、本書の内容を少しでもお役立ていただけたら幸いです。

　2018年4月

亀田高志

■著者紹介

亀田 高志（かめだ たかし）

株式会社健康企業　代表・医師
1991年産業医科大学医学部卒。11年間の大手企業専属産業医、産業医科大学講師を経て、2006年10月から産業医科大学設立によるベンチャー企業の創業社長に就任。9期連続黒字を達成後、2016年5月に退任し、現職専従。
職場の健康確保対策を専門とし、メンタルヘルス等に関する講演、研修の実績は計1100回以上、参加者は延べ3万数千人を超える。
企業や専門家に向けた実情に即したメンタルヘルス対策や健康施策の普及・啓発活動に注力しており、社会保険労務士が健康管理やメンタルヘルス対策の実務スキルを学ぶ「健康企業推進研究会®」を主宰している。
日本内科学会認定内科医、労働衛生コンサルタント等の資格を持ち、福岡産業保健総合支援センター相談員、EAPコンサルティング普及協会理事、日本産業衛生学会エイジマネジメント研究会世話人も務める。
主な著書には『健康診断という「病」』（日経プレミアシリーズ・日本経済新聞出版社）、『課題ごとに解決！健康経営マニュアル』『社労士がすぐに使える！メンタルヘルス実務対応の知識とスキル』（以上、日本法令）、『管理職のためのメンタルヘルス・マネジメント』『ゼロから始める ストレスチェック制度導入マニュアル』（以上、労務行政）等があり、連載寄稿も多数。

カバーデザイン／稲木秀和（アイディープランニング）
本文デザイン・DTP／清流書房
印刷・製本／株式会社ローヤル企画

改訂版
人事担当者のためのメンタルヘルス復職支援

2012年10月12日　初版発行
2018年 6 月 5 日　改訂版発行

著　者　亀田高志
発行所　株式会社 労務行政
　　　　〒141-0031 東京都品川区西五反田3-6-21
　　　　　　　　　住友不動産西五反田ビル3階
　　　　TEL：03-3491-1231
　　　　FAX：03-3491-1299
　　　　https://www.rosei.jp/

ISBN978-4-8452-8302-6
定価はカバーに表示してあります。
本書内容の無断複写・転載を禁じます。
訂正が出ました場合、下記URLでお知らせします。
https://www.rosei.jp/static.php?p=teisei